KB264630

아브라함의 하나님

The God of Abraham

by Young Tark Yune, D.D.

Copyright © 2004 Hapdong Theological Seminary Press
Published by Hapdong Theological Seminary Press
Mt. 42-3 Woncheon-dong, Yeongtong-gu, Suwon, Korea

아브라함의 하나님

초판1쇄 | 2004년 12월 24일
지은이 | 윤영탁
발행인 | 박형용
펴낸곳 | 합동신학대학원출판부
주　소 | 443-791 수원시 영통구 원천동 산 42-3
전　화 | (031)217-0629
팩　스 | (031)212-6204
홈페이지 | www.hapdong.ac.kr
출판등록번호 | 제 2-44호
출판등록일 | 1987년 11월 16일
인쇄처 | 우림문화사 (02)2637-4462
총　판 | (주)기독교출판유통 (031)906-9191
값 7,000원

ISBN　89-86191-54-7
＊잘못된 책은 교환해 드립니다

이 도서의 국립중앙도서관 출판시 도서목록(CIP)은 e-CIP 홈페이지
http://www.nl.go.kr/cip.php에서 이용하실 수 있습니다.
(CIP제어번호 : CIP2004002261)

아브라함의 하나님

Abraham

THE GOD OF ABRAHAM

윤영탁 지음

합동신학대학원출판부

약어

AB   The Anchor Bible

ABD   *The Anchor Bible Dictionary*, ed.. D. N. Freedman, 6 vols.
          (N.Y.: Doubleday, 1992~)

BDB   F. Brown, S. R. Driver & C. A. Briggs, *Hebrew and English*
          Lexicon of the Old Testament

BHS   K. Elliger and W. Rudolf, eds. *Biblia Hebraica*
          Stuttgartensia

BSac   *Bibliotheca Sacra*

BSC   Bible Student's Commentary

BTF   *Bangalore Theological Forum*

BZ   *Biblische Zeitschrift*

CTM   *Concordia Theological Monthly*

EnJud   *Encyclopaedia Judaica*

GKC   *Gesenius' Hebrew Grammar*, ed. E. Kautzsch, trans. A. E.
          Cowley (Oxford: Clarendon, 1910. repr. 1949)

IB   Interpreter's Bible. 12 vols, ed. G. Buttrick

ICC   International Critical Commentary

ILPT, BTS   R. L. Reymond, ed. International Library of Philosophy
          and Theology. Biblical and Theological Studies

Int   *Interpretation*

ISBE   *The International Standard Bible Encyclopedia*

JANES   *Journal: American Near Eastern Society*

JAOS   *Journal of American Oriental Society*

JBL   *Journal of Biblical Literature*

JBLMS   *JBL monograph series*

JETS   *Journal of Evangelical Theological Studies*

JPSTC   The Jewish Publication Society Torch Commentary

KBL   L. Köhler and W. Baumgartner, *Lexicon in Veteris Testamenti Libros*

KDBCOT   C.. F. Keil and F. Delitzsch, Biblical Commentaries on the Old Testament, 25 vols.

NICNT   New International Commentary on the New Testament

NICOT   New International Commentary on the Old Testament

OTL   Old Testament Library

PTR   *Princeton Theological Review*

SBB   A. Cohen, ed. Soncino Books of the Bible

SBTS   Sources for Biblical and Theological Study

SBT   *Studies in Biblical Theology*

TDOT   G. Botterweck and H. Ringgren, eds. *Theological Dictionary of the Old Testament*, trans. D. E. Green, 4 vols. (Grand Rapids: Eerdmans, 1974~)

TOTC   Tyndale Old Testament Commentaries

TWOT   R. L. Harris, G. L. Archer Jr., B. K. Waltke, eds. *Theological Wordbook of the Old Testament*, 2 vols. (Grand Rapids: Moody, 1980)

VT   *Vetus Testamentum*

WC   Westminster Commentary

WTJ   *Westminster Theological Journal*

ZAW   *Zeitschrift für die Alttestamentliche Wissenschaft*

번역본

BS   La Saint Bible. La Traduction de Louis Segond

ESV   English Standard Version

FC   La Bible en français curant

James Moffatt   The Bible. The James Moffatt Translation

JB   Jerusalem Bible

JPSV   Jewish Publication Society of America, The Holy Scriptures

KJV   King James Version

LR   Die Bibel. Martin Luther revidiert

NASB   New American Standard Bible

NEB   New English Bible

NETB   New English Translation Bible

NIV   New International Version

NJB   New Jerusalem Bible

NRSV   New Revised Standard Version

REB   Revised English Bible

RSV   Revised Standard Version

SR   La Saint Bible. Nouvelle version L. Segond révisée

LXX   Septuagint

T   Targum

Tanakh   Tanakh. The Holy Scriptures (The Jewish Pub. Society)

TEV   Today's English Version

TOB   Traduction Oecuménique de la Bible

V   Vulgate

ZB   Die Zürcher Bibel

■ 머리말

에드워드 블래어(Edward P. Blair)는 "민족"을 과거에 대한 기억과 미래에 대한 소망을 지닌 인간 집단이라 정의하고 이스라엘 민족이 여기에 해당한다고 생각한다. 그리고 그는 "기억하라"(특히 시 77:11; 딤후 2:8)와 "보라"("behold." 특히 렘 31:31; 계 21:5)라는 두 용어가 이스라엘 민족의 특징을 가장 잘 드러낸다고 주장한다.[1] 필자는 아브라함의 기록(창 12~25장)을 연구하고 깊이 묵상하면 할수록 이스라엘 민족의 이런 특징이 아브라함의 생애의 확대라는 고백을 하게 된다. 아브라함의 일생은 창세기 3:15에 나타난 모체적(母體的) 예언 곧 원복음이 그에게 더 구체적으로 계시되고 실현된 삶이었다. 또 아브라함은 오실 그 "후손"의 때 볼 것을 즐거워하다가 보고 기뻐하였고(요 8:56) 약속을 멀리서 보고 환영하는 소망의 삶을 살았다(히 11:13).

아브라함의 기록에서 돋보이는 점은 아브라함과 그의 믿음의 후손들에게 보이신 하나님의 무한하신 은혜이다. 아브람을 죄 가운데에서 구속하여(사 29:22) 갈대아 우르에서 이끌어 내시고, 믿는 자의 조상 곧 아브라함이라는 새 이름을 그에게 주시고, 그를 사용하시어 약속된 "씨"를 통한 구원계획을 이루시기를 기뻐하신 여호와 하나님이시다. 창세기 12~25장에 수록된 내용을 읽으면 과연 하나님은 시혜자시며 아브라함은 수혜자요 그분은 시은자이시며 아브라함은 수은자라는 사실에 우리는 할 말을 잃고 감격할 뿐이다. 다메섹 도상에서 사울에게 찾아오시고, 그를 새 피조물로 만드시고 그를 자신의 사도로 삼으신 주님! 바울의 일생도 믿음의 조상 아브라함의 일생과 다를 바 없다.

---

1) Edward P. Blair, "An Appeal to Remembrance: The Memory Motif in Deuteronomy," *Interpretation* 15 (1961): 41.

나를 능하게 하신 그리스도 예수 우리 주께 내가 감사함은 나를
충성되이 여겨 내게 직분을 맡기심이니 …… 우리 주의 은혜가 그리스
도 예수 안에 있는 믿음과 사랑과 함께 넘치도록 풍성하였도다 ……
내가 긍휼을 입은 까닭은 예수 그리스도께서 내게 먼저 일체 오래
참으심을 보이사 후에 주를 믿어 영생 얻는 자들에게 본이 되게("zum
Vorbild" - Luther역; "for a pattern" - KJV) 하려 하심이니라(딤전
1:12~16).

따라서 아브라함의 소명이 우리의 소명의 표본이라고 한 칼빈(Calvin)
의 고백에 전적으로 동감하지 않을 수 없다. "나의 나 된 것은 하나님의
은혜로 된 것이니"(고전 15:10)라는 말은 이 천년 전에 한 유대인이
남긴 금언이 아니라 나 자신의 고백이 되었으니 그 감격을 어찌 필설로
다 표현할 수 있으리!

이제 하나님의 말씀을 연구하고 전하는 우리는 에드워드 제이 영(Edw
ard J. Young)이 남긴 귀한 조언에 귀를 기울여야 할 것이다.

먼저 성경의 메시지가 무엇인지를 이해하지 못한다면 그 메시지가
우리에게 축복을 가져올 수 없으며, 성경의 메시지가 무엇인지 이해하
려면 반드시 문법을 연구해야 한다. 이 사실은 신학자뿐 아니라
성경을 공부하고자 하는 모든 사람에게 적용된다.[2]

필자도 영 박사의 이러한 견해에 전적으로 동감한다. 따라서 독자가
창세기 저자의 의도를 이해하는 데 도움을 크게 받게 하려고 힘껏
노력했다. 히브리어 원문의 문장구조, 용어의 선택 그리고 역본들에

---

2) Edward J. Young, *Isaiah Fifty-Three: A Devotional and Expository
Study* (Grand Rapids: Eerdmans Pub. Co., 1952), p. 14.

반영된 번역자들의 견해까지 살펴보았다. 더욱이 놀란 것은 여호와께서 아브라함에게 주신 귀한 약속이 담긴 창세기 12:1~3을 연구한 글이 그리 많지 않았다는 점이다. 이제 뒤늦은 감이 없지 않으나 본문 연구를 통해 받은 유익을 나누고 싶어 이 책을 출판하는 바이다. 신학도들과 목회자들이 이 귀한 약속의 말씀에 더욱 깊은 관심을 기울여 연구를 계속하는 데 본서가 일조하였으면 한다. 본서에 실린 글들은 본래 신학정론에 기고한 것들이다. 하나는 "창세기 12:1~3의 이해"[『신학정론』 제15권, 2호 (1997), 349~402쪽]이고, 다른 하나는 "스가랴 1:1 주해"(『신학정론』 제18권, 1호 (2000), 9~33쪽)이다. 이 두 글을 보충하여 하나의 책으로 묶었다. 이 책이 출판되도록 허락하신 박형용 총장과 여러모로 협조하신 분들에게 감사의 뜻을 표한다. 하나님께서 은혜를 주셔서 본서가 독자 제현에게 유익이 있기를 기원한다.

2004년 12월

연구실에서   윤영탁

우리가 구약성경에 나타난 아브라함에 관하여 생각할 때 어디에 강조점을 두어야 하는가? 무엇보다도 그에 관하여 성경이 강조하는 바는 어떤 것인가? 이 질문의 답은 이사야 선지자의 글(사 51:1~2)에서 찾아 볼 수 있다.

> 의를 따르며 여호와를 찾아 구하는 너희는 나를 들을지어다 너희를 떠낸 반석과 너희를 파낸 우묵한 구덩이를 생각하여 보라 너희의 조상 아브라함과 너희를 낳은 사라를 생각하여 보라 아브라함이 혼자 있을 때에 내가 부르고 그에게 복을 주어 창성하게 하였느니라(사 51:1~2 개역개정판).*

본문은 여호와께서 주전 8세기에 선지자 이사야를 통해 소수의 남은 자 곧 "의를 좇으며 여호와를 찾아 구하는 자들"을 위로하시는 말씀이다. 1~2절의 원문 구조는 다음과 같다.

1a 너희는 들어라('쉬므우') 나에게('엘라이')
　　의를 좇으며 여호와를 찾아 구하는 자들아
1b 너희는 주목하라('하비투') 너희를 떠낸 반석에게('엘-')
　　그리고 너희를 파낸 우묵한 구덩이에게('엘-').

2a 너희는 주목하라('하비투') 너희 조상 아브라함에게('엘-')
   그리고 너희를 생산한 사라에게('엘-')
2b 왜냐하면('키-') 혈혈단신인 그를 내가 불렀고
   내가 그를 복주었고
   내가 그를 창대케 하였기 때문이다.

이렇게 본문의 1~2b는 '엘-'("……에게")이라는 다섯 개의 전치사를 동반한 세 개의 명령형(2인칭 복수, "너희는 들어라," "너희는 주목하라," "너희는 주목하라")으로 되어 있고, 끝 부분인 2b는 원인을 나타내는 전치사 '키-'가 숫자를 나타내는 단어("혈혈단신")를 동반하며 또 그 전치사가 동사 앞에 놓여 강조되는 구조이고, 뒤이어 세 개의 1인칭 완료형[1]이 나오는 형식이다. 먼저, "너희는 들어라 나에게"('쉬므우 엘라이'. 역시 7절)라는 표현은 주로 복수 동사 형태로 나타나는데 여호와께서 말씀하실 경우 긍정적(사 46:3,12; 51:1,7; 55:2)으로 쓰이기도 하고 부정적(2인칭 복수 완료형으로 25:7; 34:17; 25:14,15)으로 쓰이기도 한다. 다음으로, '나바트' 동사의 사역형에 전치사 '엘-'을 동반하는 "……에게 주목한다"('히비트 엘-')라는 표현은 시편 102:19[20]("여호와께서 땅을 감찰하신다"), 시편 119:6("주의 모든 계명에 주의한다") 등에 나타나며, 민수기 21:9에 의하면 그 주목하는 바에 사활이 걸려 있다("모세가 놋뱀을 만들어 장대에 다니 뱀에게 물린 자마다 놋뱀을 쳐다본즉 살더라"). 코프스(Leonard J. Coppes)는 이 표현을 다음과 같이 설명한다. 즉 성도는 그의 눈을 여호와께 고정시키고 바라봄으로써 자신의 삶을 그의 뜻에 따라 그의 뜻을 유일한 도움(사 51:1; 22:11 "앙망하다"; 시 34:5[6] "앙망하다")과 방편 곧 언약적

틀(사 51:2; 시 74:20 "언약을 돌아보소서")과 메시아(슥 12:10)로 여기고 인도를 받아야 한다고 했다.[2]

이사야 51:1~2의 이 귀한 말씀에서 "반석"은 아브라함의 위대한 신앙(Martin Luther, Joseph A. Alexander)을 드러내기보다는 오히려 하나님께서 그를 부르시고 그에게 복을 주셨다는 근원적 차원(John Calvin, Edward J. Young, 박윤선)에서 이해하는 것이 옳다. 그 이유는 우선 본문의 2절이 "아브라함이 혼자 있을 때에 내가 그를 부르고 그에게 복을 주어 창성하게 하였느니라"고 함으로써 그 사실을 뒷받침한다. 알렉산더가 반석을 아브라함의 신앙을 가리킨다고 보는 것은 물론 로마서 4:20을 근거로 한 것이다. 하지만 그는 본문의 동사 "부르다"('카라')를 "선택하다, 지명하다"로 이해하고 본문은 "혼자"인 그를 약속(창 15:5)에 따라 하늘의 뭇별처럼 많은 민족으로 만드신 하나님의 능력과 성실하심을 드러내는 것이지 결코 믿음의 조상이 된 아브라함의 영예를 돋보이게 하려는 것은 아니었다고 말한다. 그리고 아브람을 "독신"(Nyes의 번역)으로 여기는 것은 그가 이미 결혼한 몸이었다는 성경의 증거와 모순된다고 하였다(창 11:29; 12:1,5).[3] 영(E. J. Young)은 원인을 가리키는 전치사 '카-' 다음에 "혼자"가 나오고 1인칭 완료형에 3인칭 접미어 "그"가 붙은 동사로 된 이 특이한 구조('키-에하드 케라티우')를 "for as one I have called him"으로 번역하는데, 저자가 "혼자"인 아브람과 그의 많은 후손들을 서로 대조하려는 의도가 있다고 설명한다(참조. 겔 33:24 "…… 아브라함은 오직 한 사람 …… 우리가 줄다 ……"). 그리고 "그에게 복을 주어 창대케 하였다"라는 말씀은 창세기 12:1~3을 연상케 한다고 영 박사는 지적한다.[4]

이사야 51:1~2이 강조하는 바나 이스라엘 민족의 조상 아브라함의
역사가 기록된 창세기 12~25장 전체와 신약이 강조하는 바도 그의
신앙이 위대하다는 것은 결코 아니다. 따라서 본 논문에서는 이러한
견지에서 아브라함을 택하시는 소명, 그의 순종 그리고 그의 영적
"씨"를 통해서 그 자신과 "땅의 모든 족속"이 그와 함께 복을 받게
될 것이라는 여호와의 약속이 담긴 창세기 12:1~3의 말씀, 즉 밀러(Patrick
D. Miller, Jr.)가 지적했듯이 여기에서는 텍스트의 의도나 신학에서
독특한 역할을 하지 않는 동사나 문구는 하나도 없다[5]고 한 이 말씀을
중심 삼아 다루고자 한다.

I. 믿음의 조상 아브라함

이스라엘 백성은 아브라함이 그들의 조상이 된 것을 항상 자랑스럽게 여긴 사실은 구약성경의 마지막 책인 말라기서에서 찾아볼 수 있다("우리는 한 아버지를 가지지 아니하였느냐," 말 2:10). 이러한 태도는 신약시대에 이르러서도 여전히 발견된다. "우리 조상 아브라함"이라는 표현은 그리스도를 구주로 믿는 사가랴(눅 1:72~73), 스데반(행 7:2), 바울(롬 4:1,12) 그리고 야고보(2:21)와 같은 인물들의 입을 통해서 고백된다. 따라서 아브라함이 그들의 조상이 된다는 사실은 혈통만 자랑하는 불신앙적인 유대인들6)의 주장처럼 그가 단순히 이스라엘 백성만의 조상이라는 것 이상으로 레위의 조상("아브라함의 허리에서 난 자," 히 7:5)이 되는 동시에 무엇보다도 메시아의 조상(특히 마 1:1 "아브라함과 다윗의 자손 예수 그리스도의 계보라" -개역개정판)이 된다는 심오한 차원의 의미가 들어있다. 결국 이 말은 아브라함이 "땅의 모든 족속"의 조상이라는 사실을 뜻하므로 우리는 그를 믿음의 조상으로 부르게 된다. 따라서 창세기 12:1~3에서 하신 여호와의 약속의 말씀에 대한 올바른 이해는 매우 중요하다.

1. 하나님의 주권적 부르심

아브라함이 선민 이스라엘과 모든 믿는 자들의 조상이 될 수 있었던 것은 그의 신앙 인격이나 어떤 특출한 종교적 업적 때문이 아니라 오직 그가 하나님의 특별한 은총의 수혜자가 됨으로써 가능하였다는 것이 성경의 견해이다. 이스라엘 백성이 구약 역사의 말기뿐 아니라 신약시대까지 그렇게 이해하고 있었다는 사실은 느헤미야 9:7~8과 사도행전 7:2~4이 증거하는 바다.

> 주는 하나님 여호와시라 옛적에 아브라함을 택하시고 갈대아 우르에서 인도하여 내시고 아브라함이라는 이름을 주시고 그의 마음이 주 앞에서 충성됨을 보시고 그와 더불어 언약을 세우사 가나안 족속과 헷 족속과 아모리 족속과 브리스 족속과 여부스 족속과 기르가스 족속의 땅을 그의 씨에게 주리라 하시더니 그 말씀대로 이루셨사오니 주는 의로우심이로소이다(느 9:7~8).

> …… 우리 조상 아브라함이 하란에 있기 전 메소보다미아에 있을 때에 영광의 하나님이 그에게 보여 이르시되 네 고향과 친척을 떠나 내가 네게 보일 땅으로 가라 하시니 아브라함이 갈대아 사람의 땅을 떠나 하란에 거하다가 그의 아버지가 죽으매 하나님이 그를 거기서 너희 지금 사는 이 땅으로 옮기셨느니라(행 7:2~4 개역개정판).

아브라함이 하나님의 부르심을 받은 내용은 창세기 12:1의 초두인 "여호와께서 아브람에게 이르시되"라는 말씀에서 처음으로 나타나며,

이를 아래에서 상론할 것이다. 아브라함이 이방종교의 중심지인 고대 바빌론의 우르(Ur)에 있을 때에, 아버지 데라와 친척들마저 그들의 조상 셈이 섬기던 하나님을 떠나 다신교 우상을 섬기는 환경에서도, 그만이 살아 계신 하나님을 섬길 수 있었다는 것은 오직 하나님의 은혜와 긍휼로 가능하였다고 보아야 할 것이다. 따라서 여호수아는 여호와의 말씀을 자기 백성에게 전하면서 "강 저 편"이라는 부사를 도치시켜 강조했다(수 24:2).

> 여호수아가 모든 백성에게 이르되 이스라엘 하나님 여호와의 말씀에 옛적에 너희 조상들 곧 아브라함의 아비, 나홀의 아비 데라가 강 저 편에 거하여 다른 신들을 섬겼으나 내가 너희 조상 아브라함을 강 저편에서 이끌어내어 가나안으로 인도하여 온 땅을 두루 행하게 하고 그 씨를 번성케 하려고 그에게 이삭을 주었고(수 24:2~3).

이제 이 사실은, 마치 이스라엘 백성이 선민이 된 것이 자신들이 이룩한 어떤 업적이나 그들이 타민족들에게서 찾아볼 수 없던 어떤 특수성을 지녔기 때문이 아닌 것과 같다. 하나님께서 그들이 필요불가결 하셔서가 아니라 오로지 아브라함을 주권적으로 택하신 은혜로 말미암아 그들이 선민이 된 것이라고 신명기 7:7~8; 시 44:2~3; 105:12~13은 밝힌다.

> 여호와께서 너희를 기뻐하시고 너희를 택하심은 너희가 다른 민족보다 수효가 많기 때문이 아니니라 너희는 오히려 모든 민족 중에 가장 적으니라 여호와께서 다만 너희를 사랑하심으로 말미암아, 또는 너희의 조상들에게 하신 맹세를 지키려 하심으로 말미암아 자기의

권능의 손으로 너희를 인도하여 내시되 너희를 그 종 되었던 집에서
애굽 왕 바로의 손에서 속량하셨나니(신 7:7~8).

본문은 바야흐로 가나안 땅에 진입하려는 출애굽 제2 세대에게
가나안 인들을 진멸하라고 명하는 모세의 두 번째 설교의 일부를
수록하고 있다. 이 본문에서 "너희가 다른 민족보다 수효가 많기 때문이
아니니라"와 "여호와께서 다만 너희를 사랑하심으로 말미암아, 또는
너희의 조상들에게 하신 맹세를 지키려 하심으로 말미암아"에 해당하는
원문은 문장 초두에 위치하여 강조 형태를 취하고 있다. 이것은 저자가
여호와의 은혜가 얼마나 큰지를 나타내려고 의도한 것이 틀림없다.
7절의 "택하다" 다음에 나타나는 "사랑하심"(8절)도 선택의 뜻을 분명
내포하고 있다. 그리고 "조상들에게 하신 맹세"는 창세기 15:13~16에
수록된 내용을 가리킨다. 무엇보다도 8절에 "속량하다"('파다')라는
동사가 이런 여러 용어들과 함께 등장한다는 것이 매우 의미심장하다.
저자는 이 밖에도 이 두 절에서 전치사 '민'을 일곱 번이나 사용하며
7절의 "너희 수효가 많다"에 붙은 '민'('메루베켐')은 원인을 나타낸다
("때문에"). 그리고 특히 8절의 "……에서 속량하다"('파다 민')라는
표현은 호세아 13:14("음부의 권세로부터 속량하며 사망으로부터 구속
['가알']하리니"); 미가 6:4("애굽 땅으로부터 인도하여 내어['헤엘라']
종노릇하는 집으로부터 속량하였고"); 렘 15:21("내가 너를 악한 자의
손으로부터 건지며(['나짤'] 무서운 자의 손으로부터 구속/속량하리라")
등에도 나타난다. 이 단어('파다')가 성경의 주요 교리들을 나타내는
단어들 중의 하나이기 때문에 신학적으로도 중요하다. 이 용어는 속전을

지불하여 구원한다는 뜻인데 애굽의 노예 된 이스라엘 백성을 여호와께서 유월절 양의 피로 대속한 사실에서 그 의미가 잘 나타난다(출 12:1~14). 이로 인해 레위지파가 대표하는 이스라엘의 모든 첫 태생이 속전이 되었다(민 3:11~13). 이것은 예수님께서 자신의 사역이 자신의 목숨을 많은 사람의 대속물 곧 많은 사람의 죄를 대신하는 속죄물로 주려함(마 20:28)이라고 말씀하신 그의 대속의 죽으심으로 말미암아 구원이 성취된 예표이기도 하다.

> 하나님이여 주께서 우리 열조의 날 곧 옛날에 행하신 일을 저희가 우리에게 이르매 우리 귀로 들었나이다 주께서 주의 손으로 열방을 으시고 열조를 심으시며 주께서 민족들을 괴롭게 하시고 열조는 번성케 하셨나이다 저희가 자기 칼로 땅을 얻어 차지함이 아니요 저희 팔이 저희를 구원함도 아니라 오직 주의 오른손과 팔과 얼굴의 빛으로 하셨으니 주께서 저희를 기뻐하신 연고니이다(시 44:1~3 [2~4]).

본문에서는 "주께서"라는 주어가 문장 초두에 놓이고 목적어인 "열방"과 부사인 "그들의 칼로" 그리고 주어인 "그들의 팔"이 모두 동사 앞에 놓임으로써 강조되었다. 3절에는 원인을 나타내는 전치사 '키'가 세 번 나온다. 즉 "저희가"와 "주의 오른 손" 그리고 "주께서 저희를 기뻐하신다" 앞에 나타난다. "주께서 주의 손으로"('아타 야드카')라는 표현은 설명이 약간 필요하다. LXX, S, BHS, NIV는 "주께서"를 생략했다. 그러나 2인칭 대명사를 문장 초두에 놓아 강조하는 형식이므로 생략하는 것은 부당하다. 페로운(J. J. Stewart Perowne)에 따르면 후펠트(H. Hupfeld)는 "주께서"를 "주의 손"과 함께 2중의 주어(역시 사 45:12;

시 3:4[5])로 이해했다. 페로운은 후자가 방편을 나타내는 목적격이라고 생각한다.[7] 궁켈(H. Gunkel)도 Kautzsch §144 m을 따라 이 두 단어를 주격으로 본다.[8] 델리취(Franz Delitzsch)는 시편 3:4[5]의 "내가 나의 목소리", 17:13의 "주의 칼"(원문은 끝 단어)과 14절의 "주의 손"(원문은 두 번째), 69:10[11]의 "내가 곡하고 …… 내 영혼," 83:18[19]의 "주, 주의 이름"(원문)을 근거로 시편 44:2의 "주의 이름"을 "주께서"와 서로 교환해서 사용할 수 있는 것으로 보고 "Thou, - Thine own hand did drive out peoples"로 번역했다.[9] 따라서 우리도 저자의 강세적 의도를 그대로 받아들이는 것이 옳다고 본다. 대다수의 역본들은 이를 부사("with your hand")로 다루며 NRSV는 "You with your own hand"라는 강조형으로 옮겼다. 시편 기자의 의도는 분명하다. 1절에서부터 부사인 "우리 귀로"만 아니라 주어인 "우리 열조"도 동사 앞에 놓였고, 동족(同族)목적어인 "일"이라는 말이 "행하다"라는 동사 앞에 놓인 도치 용법("the deeds You performed", Tanakh. 역시 LXX, V, JB 등)인데 이런 문장구조는 이 모든 것이 하나님의 전적인 은혜로 말미암았다는 사실을 강하게 나타낸다(시 105:12~13 참조).

이와 동일한 사상이 말라기 1:2,3과 아모스 3:2에서 더욱 우리의 가슴에 와 닿게 표현되는데, 이 구절들에 대한 숙고가 아브라함의 소명을 이해하는 데 도움이 될 것이다.

여호와께서 가라사대 내가 너희를 사랑하였노라 하나 너희는 이르기를 주께서 어떻게 우리를 사랑하셨나이까 하는도다 나 여호와가 말하노라 에서는 야곱의 형이 아니냐 그러나 내가 야곱을 사랑하였고, 에서는 미워하였으며 그의 산들을 황무케 하였고 그의 산업을 광야의 시랑에게 붙였느니라(말 1:2~3).

내가 땅의 모든 족속 중에 너희만 알았나니 그러므로 내가 너희 모든 죄악을 너희에게 보응하리라 하셨나니(암 3:2).

먼저, 말라기 1:2b-3a("내가 야곱을 사랑하였고 에서는 미워하였으며")을 보면 "사랑하다"라는 동사 '아하브'가 사용되는데, 이 동사는 일반적으로 본문에서 선택을 나타내는 것으로 알려져 있다(Jacob M. Meyers, Joyce G. Baldwin, Pieter A. Verhoef 등). NETB는 "yet I chose Jacob … and rejected Esau"로 번역했다(호 9:15의 "미워하다"와 "사랑하다"를 참조하라). 실제로 "사랑하다"와 "선택하다"라는 두 동사가 신명기 4:37; 10:15에서는 평행법적으로 사용되었다. 따라서 베어회프 (Pieter A. Verhoef)는 이 "사랑하다"라는 동사를 "선택하다"와 "구원하다"의 동의어로 보고, 이스라엘에 대한 하나님의 사랑은 역사적으로 말하자면 하나님께서 아브라함을 부르시고 자신의 사랑을 족장들에게 베푸심으로써 시작되었다고 옳게 지적하였다.[10]

그런데 아모스 3:2에서는 또 다른 놀라운 표현인 "알다"라는 동사 '야다'가 나타난다. "내가 땅의 모든 족속 가운데 너희만을 알았나니"('라크 에트켐 야다티')라는 말씀에서는 용어 선택뿐 아니라 문장구조도 매우 특이하여, 이스라엘이 하나님의 특별한 은총을 입었다는 사실도 잘 강조한다. 문장구조로 볼 때에, 부사인 "다만"('라크')이 문장 중간이나 문구의 선두에 위치할 수도 있으나, 본문의 히브리 원문에서는 문장 전체의 초두에 위치하여 그 본래의 의미를 강하게 드러내고 있다. 또한 목적어를 돋보이게 하려고 2인칭 복수인 "너희"를 동사의 접미어로 연결('예다티켐')시키지 않고 독립 목적어인 '에트켐'으로 나타내는 동시에 그것을 동사 앞에 두어 도치시킴으로써 여호와의 주권적 사역을 더욱 강조하였다(You only have I chosen -NIV 참조). 이와 동일한 문장구조("다만"+목적어+동사)는 창세기 24:8과 신명기 15:23a에서도 찾아볼 수 있다.[11) 동사 다음의 전치사 '민'은 본래의 부분사(ursprüngliche partitiv)로 이해하는 것이 좋을 것이다("aus" -Eberhard Baumann, "to distinguish from" -William R. Harper).

본문에 사용된 "알다"라는 동사는 하나님과 인간의 관계에서 사용되었으므로 평범한 의미의 "알다"라는 뜻이 아니라 언약사상과 선택사상이 내포된 것으로 보아야 할 것이다.[12) 따라서 바우만(Eberhard Baumann)은 본문에서 이 동사가 "다름이 아닌 이스라엘을 통하여 그 백성을 하나님 자신과 특별한 교제를 갖기 위해 세상의 모든 민족과 분리시킨 하나님의 자애에 가득 찬 선택 즉, 부르심"을 뜻한다고 설명하였다.[13) 본문에서 "택하다" 대신에 "알다"라는 동사를 사용한 것은 측량할 수 없는 하나님의 사랑, 그의 친밀성 그리고 공로 없는 자들에게 허락하시는 선택의 은혜를 나타내기 위함이다.

그러면 "택하다"('바하르')와 "알다"('야다')의 차이는 무엇인가? 이미 오래 전에 윌러(Gustaf F. Oehler)가 내린 정의에 의하면, '바하르'는 하나님께서 은혜로운 목적을 위해 선택하시는 자유가 강하게 부각하는 반면에 '야다'는 그 선택의 신적 선포라는 특징을 나타낸다.[14) 시바스(Horst Seebass)는 하나님과 이스라엘간의 기본적 관계에서는 "알다"라는 동사가 사용되었으나 이 기본적 관계의 결과를 묘사할 때는 "택하다"라는 동사가 사용되었다고 생각한다.[15) 왈리스(Gerhard Wallis)에 의하면, 여호와와 그의 백성과의 사랑의 유대 관계는 이스라엘이 갖는 고유의 어떤 자질에서 발생하는 것이 아니라 그분이 과거에 결정하신 바에 의해 이루어지는데, 인간은 이를 이해할 수가 없다는 것이다.[16] 우리가 고려하고 있는 이 구절들은 이스라엘 백성에 대한 하나님의 은총이 얼마나 큰지를 강력하게 시사한다. 그렇게 함으로써 당시의 이스라엘 백성이 자랑으로 삼은 특권의식이라는 그릇된 사상을 교정하여, 그들로 하여금 하나님의 특별한 은혜를 깨달아 맡겨진 책임을 감당하게 하려는 데 그 의도가 있었다. 여하간 이것이 선택 교리라는 근본사상을 나타내기 위해 특히 주전 8세기의 선지자들이 사용한 고전적 표현이라는 사실은 학계가 일반적으로 지지하는 바이다. 에베소서 1:3~6이 이 사상을 잘 드러낸다.

> 찬송하리로다 하나님 곧 우리 주 예수 그리스도의 아버지께서 그리스도 안에서 하늘에 속한 모든 신령한 복으로 우리에게 복 주시되, 곧 창세 전에 그리스도 안에서 우리를 택하사 우리로 사랑 안에서 그 앞에 거룩하고 흠이 없게 하시려고, 그 기쁘신 뜻대로 우리를 예정하사 예수 그리스도로 말미암아 자기의 아들들이 되게 하셨으니, 이는 그의 사랑하시는 자 안에서 우리에게 거저 주시는 바 그의 은혜의 영광을 찬미하게 하려는 것이라(엡 1:3~6).

그러므로 말라기 1:3a의 "에서를 미워하였다"라는 말씀에서 미워한다는 표현은 모든 죄인들에 대한 하나님의 일반적 사랑에 근거하여 그가 양자로 선택한 자들에게 보이시는 특별한 사랑의 결핍을 의미하는 것으로 보아야 한다. 히브리 관용법에 따르면 긍정적인 발언은 자주 그 발언의 반대말인 단순부정과 동일한 뜻으로 사용된다.[17] 로마서 9:11-13에서 언급한 야곱의 두 아들에 관한 기록에서도 이러한 내용이 나타난다.

그 자식들이 아직 나지도 아니하고 무슨 선이나 악을 행하지 아니한 때에 택하심을 따라 되는 하나님의 뜻이 행위로 말미암지 않고 오직 부르시는 이에게로 말미암아 서게 하려 하사, 리브가에게 이르시되 큰 자가 어린 자를 섬기리라 하셨나니, 기록된 바 내가 야곱은 사랑하고 에서는 미워하였다 하심과 같으니라(롬 9:11~13).

2. 아브라함의 순종

아브라함이 아무 공로도 없이 선민의 선조가 되었다는 측면을 우리가
강조할 때, 그와 더불어 그의 신앙적 순종이라는 실천적 측면(약 2:21)을
높이 평가하는 것에 결코 인색해서는 안 될 것이다. 그는 과연 성경에
나타나는 인물들 중 신앙에 있어서 최고로 모범적이었다는 것이 틀림없
다.[18] 그래서 창세기 12:4은, 아브라함이 여호와의 명령에 즉각적으로
순종하여 가나안 땅에 들어갔다는 사실을 나타내려고, "가라"(1절)는
명령형의 연결어로 4절 초두(원문)에 "아브람이 갔다"라는 표현을
사용하였다.[19] 여호와께서 말씀하셨다는 1절에서는 '아마르' 동사를
사용하였으나, 아브람이 그 말씀에 순종하여 갔다고 하는 4절에서는
'디베르' 동사가 사용되었다. 따라서 여러 역본들은 4절에서 "여호와께서
그에게 명령하신 대로 그는 갔다"라고 번역하였다(NEB, REB, Tanakh,
ZB, FC). 이것은 아브라함이 여호와께서 명령하시고 약속하신 말씀을
전적으로 신뢰하여 행동으로 옮겼다는 것을 나타낸다.[20] 창세기 21:1에
도 이와 유사한 용례가 나타나는데, 이 본문을 개역개정판은 "여호와께
서 말씀하신('아마르') 대로 사라를 돌보셨고 여호와께서 말씀하신('디베
르') 대로 사라에게 행하셨으므로"라고 하여 두 단어를 같은 뜻으로
번역했으나 ESV는 "여호와께서 말씀하신 대로 …… 여호와께서 약속하
신 대로 ……"(The LORD visited Sarah as he had said, and the LORD
did to Sarah as he had promised)라고 하여 두 단어를 달리 번역했다.
상반절에서는 주어인 "여호와"가 문장 초두에 나와 이삭의 출생이

그분의 전적인 은혜라고 역설한다. 히브리서 저자도 아브라함의 귀한 순종을 다음과 같이 진술하였다.

> 믿음으로 아브라함은 부르심을 받았을 때에 순종하여 장래의 기업으로 받을 땅에 나아갈 새 갈 바를 알지 못하고 나아갔으며(히 11:8).

볼프(Hans W. Wolff)도 창세기 12:2~3의 강조점은 여호와의 은혜로운 약속에 있으므로 12:1의 명령형은 마치 그 약속이 아브라함의 순종 여하에 달려 있는 듯한 아무런 조건적 성격도 들어있지 않다고 하였다. 이 명령형은 오히려 약속의 선물을 계속 받아들이라는 여호와의 촉구라고 볼프는 주장한다.[21] 그러면 어떻게 아브라함은 이러한 순종을 할 수 있었고, 어떻게 이러한 신뢰심을 갖게 되었는가? 매코미스키(Thomas E. McComisky)가 옳게 답하였다.

> 이것은 정말로 신앙의 반응이다. 하나님의 약속은 신뢰심을 자아냈다. …… 그것은 추상적 신념 이상이다. 그것은 하나님께 의탁하는 것이다.[22]

바울이 창세기 15장 이하에 관해 언급하면서 아브라함은 하나님께서 "약속하신 그것을 또한 능히 이루실 줄을 확신"하였다고 소개한 내용도 이러한 맥락으로 이해해야 할 것이다(롬 4:21).

(1) "여호와의 이름을 부르다"

가나안 땅에 도착한 아브라함은 여호와로부터 "내가 이 땅을 네 자손에게 주리라"는 약속의 말씀을 들었다. 그는 여호와께서 자신에게 나타나 말씀하신 그 자리에서 여호와를 위해 단을 쌓고 여호와의 이름을 불렀으며(창 12:7~8), 여호와께서 나타나신 장소들에서 그에게 예배드렸다(창 13:18. 참조, 21:33. 역시 이삭의 경배 26:25).[23] "여호와의 이름을 부르다"라는 표현은 창세기 4:26에 처음으로 나타난다. 이것을 "부르다"(LXX, KJV, RSV, NASB, NIV, 개역성경), "기원하다"(V, NRSV, Tanakh, REB, Gerhard von Rad[24]), "기도하다"(FC, Walther Eichrodt[25]), "섬기다"(Hendrick A. Brongers[26]) 등으로도 이해하나, 이들 중의 어느 하나를 강조하기보다는 "예배드리다"(Moffatt, 공동번역, TEV, NETB, BDB,[27] John Calvin, John Skinner,[28] John Murray, Hans W. Wolff,[29] Gordon J. Wenham)로 이해하는 것이 무난하다고 본다.[30] 루터는 그것을 "설교하다"로 번역했다(Luther역). 루터에 의하면 여호와께서는 노아와 그의 가족에 뒤이어 아브라함 때에 다시금 자신의 교회를 이방 가운데에서 가시적으로 성별하셨다고 한다. 아브라함과 그의 가족은 당대의 유일한 성도들이었으며, 그는 상수리나무 밑이나 언덕에 친 장막 안에서 제단을 쌓은 소박한 성전에서 여호와의 말씀을 선포했다고 루터는 강조한다.[31] 칼빈(Calvin)은 아브라함이 가는 곳마다 이방 종교의 제단들과는 다른 자신의 제단들을 쌓은 다음 여호와의 이름을 불러 살아 계신 하나님께 예배를 드렸는데, 자신이 유일신 종교의 신봉자임을 증거하기 위해서, 또한 그의 가정을 거짓 없는 경건 생활로 이끌어가기 위해서 그렇게 했다고 역설한다. 따라서 칼빈은 그 표현이 일반적으로 여호와께 예배드리는 전체를 담아내는 것으로 보았다.[32) 카일(Carl F. Keil) 역시 이 표현이 여호와의 이름을 선포하는 것으로 이해하고(출 33:19; 34:5), 여기에서 예배에 관한 최초의 기록을 보게 된다고 덧붙였다.[33) 존 머리(John Murray)도 칼빈이 지적한 것같이, 이 표현은 일반적으로 여호와 경배 전체를 내포하는 것으로 보고, 택함 받은 성도들과 불신 이방을 구별 짓는 구약시대의 독특한 표일 뿐만 아니라, 신약시대 성도들의 특징(행 9:14,21; 22:16; 고전 1:2; 딤후 2:22)이었다고 이해한다.[34)

아브라함은 가나안에서 나그네의 자세로 사명 중심의 생활을 하였다(창 23:4; 47:9의 "나그네 길," "나의 순례 길," "mon pèlerinage," BS. 역시 시 39:12; 대상 29:15; 히 11:9~10 참조). 그는 가나안에서 생활할 때에도 우상을 섬기는 그곳 주민들과 거리를 두고 장막생활을 했다("벧엘 동편 산으로 옮겨 장막을 치니 서는 벧엘이요 동은 아이라 ……," 창 12:8).

아브라함이 롯과 분가할 때에 취한 자세는 참으로 족장다운 자세이었다. 그가 더 이상 사랑하는 롯과 동거하지 못하게 되자 너그럽고 다정한 어조('나', אנ)로 롯에게 서로 헤어질 것을 제안하며 선택권을 그에게 주었다. 부디('나') 서로 다투지 말자. 부디('나') 나를 떠나라("Please let there be no strife … Please separate from me …" -NASB).

아브람이 롯에게 이르되 우리는 한 친족이라 나나 너나 내 목자나 네 목자나 서로 다투게 하지 말자 네 앞에 온 땅이 있지 아니하냐 나를 떠나가라 네가 좌하면 나는 우하고 네가 우하면 나는 좌하리라(창 13:8~9 개역개정판).

그런데도 롯은 가문의 어른인 동시에 은인이 되는 아브람의 고맙고 너그러운 제안을 받았을 때 아브라함에 대한 예우를 갖추는 일은 고사하고 오히려 그것을 사욕을 채울 호기로 삼았다. 그는 곧바로 눈을 들어 요단 지역을 바라보았다(10절). 안목의 정욕을 떨쳐버리지 못하고 눈을 들어 요단 지역을 바라보자 그만 욕심이 솟구쳐 그곳에 매료되고 말았다. 그리하여 그 밖의 모든 고려 사항은 뒷전으로 밀려나게 된다.35)

이에 롯이 눈을 들어 요단 지역을 바라본즉 소알까지 온 땅에 물이 넉넉하니 여호와께서 소돔과 고모라를 멸하시기 전이었는고로 여호와의 동산 같고 애굽 땅과 같았더라(창 13:10 개역개정판).

"눈을 들어 바라본다"라는 표현은 롯이 요단들을 면밀히 바라본 동작에 집중시키는 동시에 그가 본 것에 중요한 가치를 부여했음을 시사한다. 그의 이러한 선택이 당시에는 유익한 것 같았으나 결과는 오히려 그에게 불행을 안겨다 주었다. 물론 땅을 주시겠다는 여호와의 약속(12:7; 15장)에 대하여 그가 무지하지는 않았을 것으로 보인다. 문제는 그 말씀이 그의 심중 깊은 곳에 있지 못한 것이 아니었겠는가? 이와는 대조적으로 아브라함의 관점은 언약사상 중심이었다. 이 두 인물의 관점의 차이는 저자가 주어를 각각 문장의 초두에 놓고 강조함으로써 잘 나타난다.

> 아브람은 가나안 땅에 거주하였고 롯은 지역의 도시들에 머무르며 그 장막을 옮겨 소돔까지 이르렀더라('아브람 야샤브 …… 우로뜨 야샤브 ……' 창 13:12 개역개정판).

이렇게 그들의 거처가 결정되고 각자는 선택한 곳에 정착했다. 롯을 떠나보내고 그곳에 남은 아브라함은 이 결과에 대해 만족히 여겼다. 사실 그가 하나님께로부터 이 땅을 자신이 아닌 그의 후손들이 "사대"(창 15:12~15) 후에 차지할 것이라는 말씀을 들은 이래 한 번도 그 땅에 대해 문의한 적이 없었다. 그는 "네가 큰 민족을 이루고 …… 땅의 모든 족속이 너를 인하여 복을 얻으리라"(창 12:2~3)는 약속을 항상 굳게 붙들었다. 따라서 비록 그의 생전에 그 땅이 자신의 소유가 되지는 못했으나 하밀턴(V. P. Hamilton)의 말처럼 그는 모든 약속의 하나님을 소유했던 것이다.[36] 하나님께서는 그의 이러한 자세를 기뻐하시고 그에게 나타나시어 다음과 같은 말씀으로 복을 내리셨다.

> 롯이 아브람을 떠난 후에 여호와께서 아브람에게 이르시되 너는 눈을 들어 너 있는 곳에서 동서남북을 바라보라 보이는 땅을 내가 너와 네 자손에게 주리니 영원히 이르리라('와아도나이 아마르 엘-아브람 …… 싸 나 에네카 우르에 …… 키 에트-콜-하아레쯔 아쉐르-아타 로에 레카 에트넨나 우레자르아카 아드-올람,' 창 13:14~15).

본문 14절에서도 주어인 "여호와"가 문장 초두에 놓였다. 그리고 여호와께서 아브람에게 "눈을 들라"고 말씀하실 때에 그를 독려하시는 품사 '나'(어서!, 자! 참조. "now," KJV, JPSV, TOB, NRSV 등)를 사용하셨다. 15절에서는 창세기 12:7에 "내가 이 땅을 네 자손에게 주리라"고만

하셨던 것을 이제는 "보이는 땅을 …… 영원히 주리라"고 하심으로써 그 약속을 더 확고히 하신 것이다. "네가 보는 온 땅"이라는 직접 목적어와 "네게"라는 간접 목적어를 "주다"라는 동사 앞에 놓아 강조하셨다. 이것은 롯이 자신의 관점으로 눈을 들어 요단 지역을 바라본 것과 얼마나 큰 대조를 이루는가? 아브람에게는 여호와께서 직접 나타나셔서 눈을 들어 그가 있는 곳 즉, 롯이 버리고 떠난 그곳을 바라보라고 하셨다. 그곳이 바로 여호와께서 장차 자신의 왕국을 건설하실 설계도를 갖고 계신 가나안 복지, 이미 여러 번 약속하신 그 땅이었다. 이러한 아브라함이야말로 하나님께서 허락하시는 땅을 선물로 받을 모든 후손의 조상이 될 자격을 갖출 인물이었다. 박윤선 목사는 아브라함의 이러한 언약사상 중심의 관점을 다음과 같이 잘 묘사했다.

> 그가 이와 같이 큰 마음을 소유하게 된 것은, 자기의 기업은 하나님 나라인 것을 늘 기억하기 때문이었다. 그는, 땅의 것에 애착하지 않고 오직 하나님 나라로 만족하였다.[37]

아브라함이 세 천사를 영접한 아름다운 모습도 창세기 16장 초두에 묘사되었는데(참조. 히 13:3), 그는 그들 중에 한 분이 여호와이심을 알아차렸다. 그러자 아브라함은 배은망덕한 롯이었음에도 불구하고 기회를 놓칠 새라 그를 구출하려고 여호와께 계속 간구하여(16:24,28, 29,30,31,32) 드디어 그를 구해냈다.

그리고 창세기 17:17에 하나님께서 아브라함에게 아들을 주시겠다고 말씀하시자 아브라함이 웃었다고 수록한 내용도 올바른 이해가 필요하다. 칼빈(Calvin)과 루터(Luther)를 위시한 대부분의 보수주의 학자들과 라쉬(Rashi), 제이콥(Benno Jacob), 스파이저(E. A. Speiser)와 같은 유대인 학자들은 아브라함이 기쁨과 놀라움으로 말미암아 웃은 것으로 이해한다. 저자의 의도는 여기에서 인간의 무능함과 그 무능함을 떠맡아 변화시키시는 "전능한 하나님"('엘 샤다이')의 능력을 나타내 보이려는 것으로 볼 수 있다.38) 박윤선 목사는 아브라함이 "웃은" 것은, 불신앙이 아니고 하나님의 약속을 믿어 기뻐함이었다고 이해한다. 예수님께서는 아브라함의 이 같은 태도에 대하여 말씀하신 바가 있다. "너희 조상 아브라함은 나의 때 볼 것을 즐거워하다가 보고 기뻐하였느니라"(요 8:56. 역시 NIV 참조)라고 기록하므로 아브라함의 웃음은 의미심장하다 (역시 루터). 그것은 그가 그의 자손 가운데에서 메시아가 나실 것까지 (창 12:3) 미리 내다보고 기뻐하였다는 것이다. 그가 "심중에 이르되 백세 된 사람이 어찌 자식을 낳을까 사라는 구십 세니 어찌 생산하리요" 라고 말한 것도 불신앙이 아니라 도리어 하나님의 권능을 감탄하는 믿음이라고 박윤선 목사는 이해한다.39)

아브라함이 무엇보다도 일백 세에 약속으로 받은 독자를 하나님의 명령에 따라 서슴지 않고 바칠 정도로 순종한 것은 그야말로 유례를 찾아보기 드문 신앙 행동이었다. 이 모두 믿음의 조상으로서 그의 면모를 드러내주는 것이 아니고 무엇이겠는가? 이삭을 바치라는 명령은 하나님께서 그를 연단하시기 위함이었다. 그가 여호와의 말씀을 들은 후 곧 이삭을 바치려고 모리아 산으로 떠나면서 사환들에게 다음과 같이 말했다고 성경은 증언한다. 이것을 히브리서 기자는 그의 부활사상 을 대변하는 것이라고 밝힌다.

이에 아브라함이 종들에게 이르되 너희는 나귀와 함께 여기서 기다리라('쉐부-라켐') 내가 아이와 함께 저기 가서('와아니 웨하나아르 넬르카') 예배하고 우리가 너희에게로 돌아오리라 하고('웨나슈바')(창 22:5 개역개정판).

아브라함은 시험을 받을 때에 믿음으로 이삭을 드렸으니 저는 약속을 받은 자로되 그 독생자를 드렸느니라 …… 저가 하나님이 능히 죽은 자 가운데서 다시 살리실 줄로 생각한지라 비유컨대 죽은 자 가운데서 도로 받은 것이니라(히 11:17~19).

아브라함은 5절 상반절에서 어떤 의도로 "너희는 …… 여기에서 기다리라"('쉐부')고 하면서 여격('라켐')을 덧붙였는가? 이 여격은 이일의 중요성을 강조하는 동시에 자신의 강한 의지를 나타내기 위한 용법임에 틀림없다.40) 그리고 그는 다만 "우리가 가서"라고 말하지 않고 "나와 그리고 이 아이가 가서"라고 두 사람을 구체적으로 명시했다. 그리고 "간다"라는 표현에서도 '웨넬르카' 대신에 '와우'가 생략된 '넬르카'를 사용한 것은 강한 의지를 나타내는 특별한 의도가 있음을 엿볼 수 있다.41) 또 이 주어를 문장 앞에 놓은 것은 무슨 의도에서 그렇게 한 것인가? 더욱이 5절 하반절에서 일점의 의혹도 없이 "우리가 예배드리고 우리가 너희에게로 돌아오리라"고 하여 "돌아온다"라는 동사에 확고한 의지를 나타내는 연장형('웨나슈바', וְנָשׁוּבָה)을 사용한 것은 그가 여호와께서 "씨"에 대하여 하신 약속을 확고하게 믿은 결과가 아니겠는가? 아브라함의 이러한 신앙이 하나님을 기쁘시게 했다. 그리하여 하나님은 "내가 이제야 네가 하나님을 경외하는 줄을 아노라"(창

22:12b)고 하시는 그분의 인정을 받았다.

구약성경에서 "하나님을 경외한다"라는 표현은 구약성경 전체에서 이 때 처음 등장한다. 구약에 나오는 "경외한다"라는 동사 '야레'는 여호와의 말씀을 "순종한다"는 뜻으로 자주 사용된다. 예를 들면, 출 1:17; 신 4:10; 5:29[26]; 6:2,24; 10:12; 13:4[5]; 14:23; 17:19; 31:12,13; 삼상 12:14; 왕하 17:37; 시 112:1; 119:63; 잠 3:7; 전 12:13; 말 3:5 등이다. 그리고 단수 '예레 엘로힘'은 본문과 욥 1:8; 2:3; 복수로는 출 18:21; 그리고 단수 '예레 아도나이'는 사 50:10; 시 128:1 등에 나타난다. 창세기 22:12의 이 형식은 분사가 연계형으로 나타나며 또한 순서에서도 이 표현은 주어 앞에 도치되어 2중으로 강조되었다("that a fearer of God thou").[42] 결국 여호와를 두려워한다는 것은 곧 그것은 그의 말씀을 순종하는 올바른 생활과 같다는 동의어로 구약성경에 나타난다 (레 19:14; 25:17; 신 17:19; 왕하 17:34). 이것은 두려움이 의로운 생활을 하게 만드는 동기가 된다고 보는 견해에서부터 나온 것 같다고 학자들은 이해한다. 이러한 두려움은 오직 율법의 말씀을 읽고 배우는 데에서 유래한다고 성경은 가르친다.[43]

> 온 이스라엘이 네 하나님 여호와 앞 그가 택하신 곳에 모일 때에 이 율법을 낭독하여 온 이스라엘에게 듣게 할지니 곧 백성의 남녀와 어린이와 네 성 안에 거류하는 타국인을 모으고 그들에게 듣고 배우고 네 하나님 여호와를 경외하며 이 율법의 모든 말씀을 지켜 행하게 하고 또 너희가 요단을 건너가서 차지할 땅에 거주할 동안에 이 말씀을 알지 못하는 그들의 자녀에게 듣고 네 하나님 여호와 경외하기를 배우게 할지니라(신 31:11~13 개역개정판).

(2) "여호와 이레"

창세기 22:14에 보면, 아브라함이 아들 이삭 대신에 수풀에 걸려 있는 수양을 번제로 드리고 "그 땅 이름을 여호와 이레라 하였으므로 오늘까지 사람들이 이르기를 여호와의 산에서 준비되리라"(14절)고 말씀한다. "여호와"라는 성호의 의미는 출애굽 사건을 통해 비로소 선민에게 알려졌으나(출 6:2~3), 그 전에는 이 모리아 산에서 이삭을 바친 족장시대인 이 때에 유일하게 알려졌다. "여호와"라는 성호가 창세기 4:26 이후부터 사람들이 호칭한 것은 사실이다. 그러나 그 성호의 뜻은 미래의 어느 시점에 비로소 충만하게 빛날 것이었는데, 그 빛이 너무 강력해서 이 족장시대에도 가려지지 않고 빛났다. 이처럼 창세기에 한 번 그 빛의 광선이 비췄던 것이다. 아브라함이 모리아 산에서 참으로 제물을 준비하시는 하나님으로 체험하여 알게 되었을 때, 그는 잠시 진리를 깨닫고 "여호와 이레"('아도나이 이르에', יְהוָה יִרְאֶה 창 22:14)라는 말로 표현했다.[44] 이것은 주어가 도치되어 동사 앞에 놓인 강세형이다. 모세 이전의 종교에서는 하나님의 이름 "여호와"가 여기서만 설명이 된다. 여호와께서는 선택받은 "자손"이 말살될 극한 상황에서 그의 백성을 만나시고 지불할 속전을 직접 제공하시는 하나님으로 나타나신다. 출애굽 사건이란 모리아 산의 축소가 확대된 것이다. 수양을 준비하신 동일한 하나님이 또한 유월절 양을 준비하셨다. 그러나 마침내 예수 그리스도께서 그 출애굽을 예루살렘에서 성취하신 것이다.[45]

문득 두 사람이 예수와 함께 말하니 이는 모세와 엘리야라 영광
중에 나타나서 장차 예수께서 예루살렘에서 별세하실 것('텐 엑소돈')을
말씀할 새(눅 9:30~31).

그리고 사라가 죽은 후에 아브라함은 아내의 장례를 위해 헷 사람들을
찾아가 매장지를 팔도록 요청했다. 그 때 그들은 아브라함을 존경하며
"우리 가운데 있는 하나님의 방백"('네씨 엘로힘 아타', "하나님이 세우신
지도자," 개역개정판)이라고 하며 그를 존대했다(창 23:6). 그는 이처럼
이방인들에게도 영향력을 미쳤다.

창세기 24장에 이삭의 아내를 구하는 내용이 나온다. 아브라함은
늙은 종에게 부탁하기를 가나안 족속의 딸이 아닌 "내 고향 내 족속에게
로 가서 내 아들 이삭을 위하여 아내를 택하라"고 당부했다. 아브라함이
"…… 이 땅을 네 씨에게 주리라 하셨으니 그가 그 사자를 네 앞서
보내실지라"(창 24:3,7)는 여호와의 약속을 의지하여 종을 하란으로
보냈고 그가 전한 말이 그대로 다 이루어졌다.

하늘의 하나님 여호와께서 나를 내 아버지의 집과 내 본토에서 떠나게
하시고 내게 말씀하시며 내게 맹세하여 이르시기를 이 땅을 네 씨에게
주리라 하셨으니 그가 그 사자를 네 앞서 보내실지라 …… (창 24:3,7).

아브라함의 일생은 이렇게 신앙으로 일관했고, 그 자신의 고백처럼
"하나님 앞에서 생활"한 삶이었다. 창세기 24:40은 "여호와- 내가
그 분 앞에서 행한 -께서"로 직역할 수 있다("The LORD, before whom
I have walked." -NIV). 아브라함의 이러한 신앙은 "나는 아브라함의

하나님"이라고 하시는 하나님의 인정을 받았던 것이다(창 26:24; 28:13; 출 3:6; 마 22:32; 막 12:26; 눅 20:37; 행 3:13; 7:7,32). 예수님께서도 유대인들에게 "너희가 아브라함의 자손이면 아브라함이 행한 일들을 할 것"(요 8:39)이라고 하시면서 아브라함의 아름다운 신앙을 본받으라고 촉구하신 바 있다.

3. 유대인들의 아브라함관(觀)

우리는 추호라도 랍비들처럼 성경의 주장과 동떨어지게 아브라함 개인의 업적을 높이거나 그의 공로를 앞세우는 오류를 범하는 일이 없어야 한다. 그들은 인간 아브라함을 극도로 높인다. 예를 들면, 아브라함이 율법도 주어지기 전에 그 율법 전체를 지켰다고 한다. 왜냐하면 창세기 26:5에 "아브라함이 내 말을 순종하고 내 명령과 내 계명과 내 율례와 내 법도를 지켰음이라"라고 기록되어 있기 때문이라는 것이다.46) 그러나 이 말씀은 모세 율법이 집대성되기 전에 주어진 일반 계시적 규례들을 언급한 것으로 볼 수 있다. 싸일하머(John H. Sailhamer)는 다음과 같이 질문한다. 아브라함은 어떻게 이러한 율법 준수생활이 가능했는가? 어찌해서 지금까지 아브라함이 믿음으로 살았다고 역설해 온 터인데(예를 들면, 창 15:6) 이 시점에서 그가 법을 지켰다고 하는가? 지금까지는 그가 그 율법을 받았다거나, 그것을 지켰다는 언급이 없지 않았는가? 싸일하머는 여러 견해들을 다룬 후에, 모세 오경 저자의 "율법준수 개념"에 대하여 이렇게 설명한다. 저자는 모세의 생애가 아니라 아브라함의 생애를 사용하여 우리가 율법의 요구를 성취할 수 있는 것으로 설명하려 했다는 것이다. 모세가 아닌 아브라함을 선택함으로써 저자는 마치 "아브라함이 여호와를 믿으니 여호와께서 이를 의로 여기셨다"(창 15:6)는 말씀처럼 "하나님을 믿는다는 것"이 곧 "율법을 지킨다는 것"을 의미한다는 것이다. 싸일하머가 내린 결론은 이렇다.

결국 모세 오경의 저자가 말하는 바는 '아브라함과 같이 되어라 믿음의 생활을 하라 그러면 당신은 율법을 지키고 있다'고 일컬어질 수 있다.[47]

유대인들은 아브라함이 시험을 열 번이나 받았지만 이 모든 과정을 성실하게 통과하였는데, 그것은 그들의 조상 아브라함의 사랑이 얼마나 위대한가를 보여주는 것이라고 한다. 그들이 말하는 열 가지 시험은 다음과 같다.

> 2회: 하란을 떠나서 가라는 시험(창 12:1,10)
> 2회: 이삭을 바친 일과 이스마엘을 쫓아낸 일(창 21:10 이하)
> 2회: 사라가 바로에게 붙들린 일과 하갈을 쫓아보낸 일
> 1회: 왕들과 전쟁한 일
> 1회: 쪼갠 것들 사이에서 언약을 맺은 일
> 1회: 갈대아 인들의 풀무 불에서 건짐을 받은 일(우르에서 있었다는 전승)
> 1회: 할례의 언약을 할 때의 일[48]

무엇보다도 그들은 아브라함이 갈대아 우르에서 나온 일에 대하여 아무 성경적 근거도 없이 모든 것을 그의 업적으로 돌리고 있다. 탈무드(Talmud)에 따르면 아브라함은 어린 시절부터 여호와를 사랑하였다고 한다. 그가 3세 때에 이미 율법을 지키기 시작했다는 것이다(Nedarim 32a). 3세라는 숫자는 창세기 26:5("이는 아브라함이 내 말을 순종하고 내 명령과 내 계명과 내 율례와 내 법도를 지켰음이니라 ……")의 첫 자 "이는"('에케브' עֵקֶב, 70+100+2=172)이라는 단어의 자음을 숫자로

계산(gematria)하여 얻은 것으로 아브라함이 175세에 별세했으니 그런 나이가 나온다는 것이다.[49] 그는 우르에서 14세 때에 창조자이신 지존자를 간절히 알고 싶어 하던 중에 어느 날 그분을 알게 되었고, 그후 임종시까지 그분의 길에서 행하였다고 한다(희년서 11:15~12:8).[50] 아브라함이 50세가 되자 아버지 데라에게 세상의 헛된 것들을 버리고 창조주 하나님을 섬길 것과 가나안으로 가서 살 것을 간청하였으나, 데라는 결국 하란에 머물고 말았다는 것이다. 그 때에 여호와께서 아브라함에게 나타나셔서 그 곳을 떠나 가나안으로 가라는 명령을 하셨다고 그들은 주장한다(희년서 12:17~23).[51] 역시 그들은 아브라함이 창세기 15:6에 기록된 대로 금세와 내세를 상속받았는데 그것은 오로지 그의 믿음의 공로에 의해서라고 한다. 그리고 마지막 때가 이를 것인데, 그 때에 이스라엘 백성은 시편 98:1에 기록된 대로 새 노래를 부를 것이라고 한다. 누구의 공로로 이스라엘 백성이 그렇게 할 것인가? 그들은 창세기 15:6의 기록처럼 아브라함이 하나님을 믿었기 때문에 그의 공로로 새 노래를 부른다고 주장한다. 랍비 나흐만(Nachman)에 의하면 아브라함의 공로가 너무나 위대하기 때문에 이스라엘이 이 세상에서 발설한 모든 헛된 말과 거짓말을 다 속죄할 수 있다고 한다. 외경의 시락서 44:19~21에서도 그를 높이기는 마찬가지이다.

> 19 아브라함은 허다한 민족의 위대한 시조이며
>   아무도 그 영광을 따를 사람은 없다.
> 20 그는 지극히 높으신 분의 율법을 지키고
>   그분과 계약을 맺었다.
>   자기 살에 그 계약의 표시를 새기었고

> 시련을 당했을 때에도 그는 충실하였다.
> 21 그러므로 맹세로써 그에게 약속하시기를,
> 그의 후손을 통해서 만백성을 축복하고
> 땅의 먼지처럼 번성하게 하며
> 그의 후손을 별과 같이 높여 주고
> 이 바다에서 저 바다까지,
> 이집트 강에서 땅 끝까지를
> 유산으로 주겠다고 하셨다(시락서 44:19~21 공동번역).

저명한 유대인 학자 카쑤토(Umberto Cassuto)도 예외는 아니다. 그는 이스라엘 민족의 아버지인 아브라함이 세계 모든 민족의 복의 근원이 되는 특권을 얻게 되었는데, 그의 공로와 기도가 공의의 천상법정(天上法庭)에서 그들을 보호해 줄 것이라고 말한다.[52] 또 다른 유대인 학자인 쎄갈(Moses H. Segal)에 의하면, 아브라함은 이방 환경 속에서도 그렇게 고상한 개념과 당시로는 그토록 심오한 신성의 유일성이라는 교리를 어떻게 터득할 수 있었는지 놀랍다는 것이다. 왜냐하면 그의 씨족이나 그의 가족 식구들에게서 그러한 교리의 발전을 선호하는 경향이나 성향이 있었다고는 말할 수 없기 때문이라는 것이다. 아브라함의 집안은 신앙과 경배에 있어서 그들의 이웃이나 다를 바가 없었다(수 24:2). 우르와 하란은 월신(月神) 숭배의 중심지였고 그의 가족 식구들도 월신을 섬겼을 것이며, 그의 부모의 이름도 이와 관련이 있는 것으로 그는 생각한다. 가족의 이러한 우상숭배가 그로 하여금 메소포타미아를 떠나 가나안에 정착하게 한 진정한 이유로 여긴다. 그의 새로운 신앙이 그로 하여금 이방 친척들과 더 이상 함께 살 수 없게 하였을 것으로 본다. 그렇다면 아브라함은 이러한 이방의 가정환경에서 어떻게 하나님의 유일성이라는 지고한 진리를 터득하게 되었을까? 이 질문은 유대교의 옛 사상가들로 하여금 다양한 설명들을 동원하게 한 것이 사실이다. 그러나 그들 모두 아브라함이 이 진리를 이전 사람들에게서 배운 것이 아니라는 점에는 동의한다. 아브라함이 신적 영감의 인도를 받아 자신의 숙고와 자신의 직관으로 그 진리를 도출해 냈다는 것이 쎄갈의 견해이다. 이것이 그 질문에 대한 참된 대답이라고 그는 생각한다. 아브라함은 인류 발전사에 나타나는 보다 높은 삶을 지향한 유사한 많은 현상 가운데 한 실례라는 것이다.[53] 이러한 견해는 결국 위에서 언급한 유대교적 해석들과 근본적으로 다를 바가 없다.

바울은 유대인들을 겨냥하여 시편 14:1~4과 53:1~4를 인용하면서 로마서 3:10~12에서 다음과 같이 강조했다.

> 기록된 바 의인은 없나니 하나도 없으며 깨닫는 자도 없고 하나님을 찾는 자도 없고 다 치우쳐 함께 무익하게 되고 …… (롬 3:10~12).

로마서 9:32도 그들의 주장들이 허구라는 점을 잘 드러낸다.

> …… 이는 저희가 믿음에 의지하지 않고 행위를 의지함이라 부딪힐 돌에 부딪혔느니라 기록된 바 보라 내가 부딪히는 돌과 거치는 반석을 시온에 두노니 저를 믿는 자는 부끄러움을 당치 아니하리라 …… (롬 9:32).

바울은 또 고린도전서 1:21에서 인간의 지혜로 하나님을 알 수 없다고 강조했다.

하나님의 지혜에 있어서는 이 세상이 자기 지혜로 하나님을 알지
못하는 고로 하나님께서 전도의 미련한 것으로 믿는 자들을 구원하시
기를 기뻐하셨도다(고전 1:21).

본문 21절 상반절의 번역은 표준새번역개정판으로 이해하는 것이 편리
하다. "이 세상은 그 지혜로 하나님을 알지 못하였습니다. 하나님의
지혜가 그렇게 되도록 한 것입니다." 한때 바울 자신이 유대교의 광신자
이었다는 사실을 염두에 둔다면 그가 외친 이 말씀이 유대인들에게
시사하는 바가 컸다는 것은 명확하다.

4. 족장들의 부도덕성 문제

아브라함을 주동적인 사역자로 조작한 사상은, 성경이 제시하는 하나님의 은혜의 교리를 부인하는 인본주의적 발상에서 기인한 것이요 아브라함 자신의 고백과도 상충한다. 아브라함은 그랄 왕 아비멜렉에게 "하나님이 나를 내 아버지의 집을 떠나 두루 다니게 하실 때에 ……"(창 20:13a)라고 고백한 바 있다. 이것은 그가 사라를 자기 누이라고 말한 사건(창 20:2) 이후에 아비멜렉에게 받은 책망에 대한 변명에서 나왔다. 여기에서 그는 자신이 가나안 땅에 온 것이 하나님의 주권적 섭리에 의하여 된 일이라고 분명히 말했다. 알더스(Gerhard Ch. Aalders)는 이러한 장면을 놓고 평하기를, 아브라함이 여호와의 보호를 믿지 못하고 자신의 그릇된 꾀를 의지한 모습을 보면 그가 얼마나 나약하고 변변치 못한지 모르겠다고 하였다. 따라서 그가 창세기 12:1~20에서 보여준 신앙의 용기와 힘은 결코 자신의 공로나 덕망에 의한 것이 아니라 전적으로 하나님의 은혜와 성실성의 결실이었다고 알더스는 강조하였다.[54] 물론 아브라함의 실수는 이뿐만 아니었다. 여호와의 약속을 기다리지 못한 아브라함이 이방 풍습을 따른 사래의 권유(창 16:2)를 받아들여 여종 하갈에게서 이스마엘이 태어났다. 이 일은 그가 85세 때에 발생했다("십년 후," 창 16:3). 이것은 분명히 "네 몸에서 날 자가 네 후사가 되리라"(창 15:4)고 하신 여호와의 말씀을 전적으로 신뢰하지 못한 처사였다. 이 밖에도 족장들에게서 발견되는 부도덕성 문제로는 다음과 같은 예들이 있다.

아브라함이 사라를 누이라고 속인 것(창 12:10~12; 20:1~18).
이삭이 리브가를 누이라고 변명한 내용(26:6~11).
이브라함의 일부다처 문제(30:1~4).
롯이 광란하는 동성애자들에게 자기 딸들을 내놓겠다고 한 제안(19:8).
롯이 자기 딸들과 근친상간 한 일(19:30~38).
야곱이 아버지를 속여 형 에서의 장자의 축복을 가로챈 일(27: 1~46).
야곱이 라반의 양떼를 교묘하게 조작하여 자신의 소유를 불린 일(30:25~40).
야곱의 아들들이 세겜 사람들과 언약을 깨고 오히려 그들에게 해를 입힌 일(31:1~31).
유다가 다말과 근친상간 한 일(38:8~26).
요셉이 형들을 속인 일(44장).

족장들의 이러한 부도덕성 문제는 초대 교부들과 중세 신학자들의 많은 논쟁의 대상이 되었고 거기에 대한 대안들도 등장했다. 그래서 암브로스, 제롬, 어거스틴, 크리소스톰, 롬바르드, 루터, 츠빙글리 등은 성경에 명시되지 않은 변명들을 내놓게 되었다. 즉, 족장들이 그들의 특수 사명이나 특별은사로 말미암아 특별한 신적 허가를 받았거나, 참작할 사정들이 있었거나 좋은 의도로 한 행동들이었거나, 또는 당시의 풍습 혹은 그들에게는 우리의 이해를 초월하는 지혜가 있었다는 등의 변명들이다. 그러나 칼빈(Calvin)은 족장들이 보인 그러한 행동들을 실제로 성경 어디에서도 허용하지 않는다는 점을 들어 그러한 변명들을 용납하지 않았다. 그들에게도 모든 성도들과 마찬가지로 회개하고 용서를 받는다는 패턴만 적용된다고 칼빈은 주장한다. 톰슨(John L. Thompson)은 칼빈의 입장을 다음과 같이 진술한다.

첫 번째 요인은, 그 어떤 논조나 변명도 하나님의 속성과 성품과 반대되는 행동은 정당화될 수 없다는 것이 그의 신념이다. 원인이 아무리 의롭다고 하더라도 어느 누구도 고상한 목적을 성취하기 위하여 불법적 방법을 결코 사용하여서는 안 된다…… 두 번째 요인은, 모든 상황에서 성경은 크리스천의 행위를 조정하기에 전적으로 적절하다는 그의 신념이다…… 어쨌든 오늘 우리는 어떤 특별한 말씀을 주시기를 기대해서는 안 된다. 하나님의 기록된 말씀이 충족시킬 것이며 충족시켜 주셔야 한다. 칼빈은 이 마지막 금언을 남기고 전체를 마무리 짓는다…… 칼빈은 족장들을 성경의 표준적 규칙에 대한 칭찬할 만한 예외들이 아니라 그것으로부터 벗어난 실례들로 해석한다…….55)

5. 아브라함 자신의 고백

아브라함 자신이 그랄 왕 아비멜렉에게 고백한 내용(창 20:13)은 앞에서 살펴보았다. 그는 자부를 선택하는 과정에서 늙은 종 엘리에셀에게 "하늘의 하나님 여호와께서 나를 내 아버지의 집과 내 고향 땅에서 떠나게 하시고 ……"(창 24:7)라고 말한 바 있다. 본문에는 특히 "취하다"('라카흐', to take)라는 동사가 사용되었는데, 하나님이 이곳처럼 이 동사의 주어로 사용된 경우는 흔하지 않다(참조. 수 24:3). 대부분의 역본들은 "took me out"이나 "brought me out"으로 번역하나 개역성경은 "나를 떠나게 하다"(BS의 "m'a fait sortir")로 옮겼다. 그러나 창세기 2:15("여호와 하나님이 그 사람을 이끌어 에덴 동산에 두어 ……")을 따라 이 동사를 "이끌어 내시고"라고 번역하는 것이 좋을 것이다. 구역성경(1911년판)은 "나를 인도하야 …… 떠나게 하시고"라고 잘 번역하였다.

그러면 여기에서 왜 이 동사가 사용되었는가? 첫째로 그가 지금과는 전혀 다른 환경으로부터 예기치 못한 가운데 하나님의 주권적 인도하심을 받았다는 사실을 나타내며, 둘째로는 이삭의 아내를 '취하다'(24:3,4,7. "택하다")라는 표현과 잘 연결되는 까닭에 사용한 것으로 보인다. 이러한 사실은 이삭에게 믿음의 아내를 "취하여 주실" 것이라는 아브라함의 고백에서 알 수 있다. "그가 그 사자를 네 앞서 보내실지라 네가 거기서 내 아들을 위하여 아내를 택할지니라"(7b)는 표현은 공동번역("…… 천사를 보내시어 거기에서 내 며누리감을 데려오도록 네 앞길을 인도해 주실 것이다”), 그리고 NIV와 NETB의 “so that you can …”이라는 번역처럼 7b의 상반부와 하반부를 연결하는 접속사 ‘와우’(‘웨라카흐타’)는 “so that …”으로 이해하는 것이 바람직하다.

아브라함은 자신이 신뢰하는 “하늘의 하나님, 땅의 하나님이신 여호와”가 전에 자신을 우르에서 “취하여 나오게 하신” 바로 그 “하늘의 하나님 여호와”이시라고 역설한다.56) 본문(7a)에만 나타나는 “그가 나를 취하다”(직역)라는 형식은 아브라함이 하나님의 주권적 섭리를 체험한 사실과 창세기 12:7에 나오는 땅의 약속에 근거를 둔 그의 신앙적 확신을 나타낸다고 볼 수 있다. 그러기에 아브라함이 24:7 하반절에서 “그가 그(의) 사자를 너보다 앞서 보내실지라”고 말할 때 대명사를 첨가한 강조용법(“그가 친히,” ‘후 이슐라흐’, “lui-même enverra,” BS; “der wird seine Engel vor dir her senden”, ZB)이 사용되었다.

6. 신약성경의 주장

스데반이 족장사를 열거하는 사도행전 7장 초두를 보면 아브라함이
하나님의 인도하심을 받아 우상의 땅에서 나올 수 있었다.

…… 우리 조상 아브라함이 하란에 있기 전 메소보다미아에 있을
때에 영광의 하나님이 그에게 보여 이르시되 네 고향과 친척을 떠나
내가 네게 보일 땅으로 가라 하시니 아브라함이 갈대아 사람의 땅을
떠나 하란에 거하다가 그의 아버지가 죽으매 하나님이 그를 거기서
너희 지금 사는 이 땅으로 옮기셨느니라(행 7:2~4 개역개정판).

로마서 4장에서도 아브라함이 의롭다함을 받은 것이 "행위"나 "할례"
또는 "율법"과 관계없이 오직 믿음으로 말미암은 것이라고 분명히
밝히고 있다. 아브라함이 선민의 조상이 된 것은 전적으로 하나님의
은혜로 말미암았다고 강력하게 시사한 사람은 다름 아닌 사도 바울이었
다.

그런즉 육신으로 우리 조상 된 아브라함이 무엇을 얻었다 하리요
만일 아브라함이 행위로서 의롭다 하심을 얻었으면 자랑할 것이
있으려니와 하나님 앞에서는 없느니라 성경이 무엇을 말하느뇨 아브
라함이 하나님을 믿으매 이것이 저에게 의로 여기신 바 되었느니라
일하는 자에게는 그 삯을 은혜로 여기지 아니하고 빚으로 여기거니와,
일을 아니할지라도 경건치 아니한 자를 의롭다 하시는 이를 믿는
자에게는 그의 믿음을 의로 여기시나니(롬 4:1~5).

바울은 사람이 의롭다 함을 받는 것이 행위에 의함이 아니라 오직 믿음으로 가능하다는 칭의 교리를 논할 때에 루터(Luther)가 말한 "창세기에서 가장 위대한 구절"인 창세기 15:6의 말씀을 인용함으로써 그 사실을 더욱 명확히 하였다.

아브람이 여호와를 믿으니 여호와께서 이를 의로 여기시고(창 15:6).

본문에 사용된 "여기다"('하샤브')라는 동사를 칠십인경이 '로기조마이'로 번역하였는데, 창세기의 본문을 인용한 신약성경의 다섯 구절(롬 4:3,9,22; 갈 3:6; 약 2:23)도 모두 그 동사를 사용하고 있다. KJV은 로마서 4:22과 야고보서 2:23에서는 "전가(轉嫁)되다"("imputed")로 그리고 갈라디아서 3:6에서는 "여기다"("accounted")로 번역하고 나서 각주에서는 "imputed"로 옮길 수도 있다고 하였다. 개역성경은 갈라디아서 3:6에서만 "의로 정하셨다"로 번역하였다. 그러나 BS는 창세기의 본문을 위시한 신약의 다섯 구절 모두 "전가되다"("imputé")로 번역하였다. 우드(Leon J. Wood)도 창세기 15:6의 '하샤브'를 "imputed"로 이해하였다.[57] 클라인(M. G. Kline)은 '하샤브' 동사가 제의적-법정적 판결과정에서 사용된다고 주장한다(레 7:18; 17:4; 민 18:27).[58] 존 머리(John Murray)에 따르면 로마서 4:3의 "여기다"라는 말은 히브리어에서와 마찬가지로 그 의가 그에게 전가되었다는 것을 의미한다. 그리고 이에 상응하는 결과가 이 전가에 따른 것임을 암시한다는 것이다.[59] 바울은 성령을 받은 것이 율법의 행위로 말미암은 것이 아니고 듣고 믿음에서 난 것임을 밝히기 위해 아브라함의 예를 들어 논증한다.

아브라함이 하나님을 믿으매 이것을 그에게 의로 정하셨다 함과
같으니라. 그런즉 믿음으로 말미암은 자들은 아브라함의 아들인
줄 알지어다(갈 3:6~7).

우리 구주 하나님의 자비와 사람 사랑하심을 나타내실 때에, 우리를
구원하시되 우리의 행한 바 의로운 행위로 말미암지 아니하고 오직
그의 긍휼하심을 좇아 중생의 씻음과 성령의 새롭게 하심으로 하셨나
니(딛 3:4~5).

7. 창세기 15:6 이해

본문에 관심을 깊이 두고 연구한 학자는 로벗슨(O. Palmer Robertson) 이다.[60] 그는 창세기 15:6에 "믿었다"와 "여기다"라는 동사가 처음 나타난다는 사실을 지적하면서 '아멘'은 "확고하게 한다" 혹은 어떤 것을 "확정한다"라는 뜻이며 전치사 '베'는 자신의 확고함을 "……에게" 두는 그 어떤 분을 가리킨다고 이해한다. 그러므로 본문은 아브라함이 "여호와 안에서 자신을 확고하게 했음"을 뜻한다는 것이다. 아브라함은 후손을 낳을 가망이 전혀 없었다. 그러나 그는 자손을 생산할 수 없는 자신을 의존하는 대신에 여호와께서 그에게 하신 약속에 전적으로 의존한 것이다. 자신을 대신하여 그 일을 행하실 하나님을 믿은 아브라 함의 신뢰는 스스로 했을 수도 있는 행위들을 의존하려 한 추구와는 대조를 이룬다. "여기다"라는 표현은 "본래 그에게 속하지 않는 의를 그에게 전가했다"는 뜻으로 로벗슨은 이해한다. 전체적 요점은 이렇다. 아브라함이 자신의 복됨을 위해 자신을 의지하지 않고 하나님을 의지했 다는 것이다.

우리는 아브라함이 의롭다함을 얻은 기록이 창세기 12:1~3이 아닌 15:6에 나타나는 것을 의아하게 생각하지 않을 수 없다. 따라서 로벗슨 (O. Palmer Robertson)은 아브라함이 의롭다함을 얻은 시기에 관심을 기울인다. 왜 창세기 15:6에 이르러서 비로소 이 표현이 나타나는가? 그는 이 때에 그렇게 선포된 것이 "순종의 삶은 결코 하나님과의 관계에서 올바른 신분을 얻는 방편으로 작용하지 못한다"는 사실을 보여주는 것이라고 이해한다. 지금까지 보인 아브라함의 삶은 "영적이고 거의 천사적이었다"(칼빈). 그는 이 세상에 있는 경건한 사람에게서 기대할 만한 본질적인 것은 모두 이루었다. 하지만 그렇게 큰 칭찬 받을 행동들을 다 한 다음인 지금에야 그의 믿음이 의로 여겨졌다고 한다. 따라서 그가 지금 처음 믿어서 그의 믿음이 의로 여겨진 것이 아니다. 그와는 반대로, 그는 믿음이 있는 상태로 계속 살아왔고, 그 결과로 의롭다 함을 얻었다. 그러나 아브라함의 생애 중 이 시점에 와서 칭의가 언급된 것은 그가 "의롭다 함을 얻는 데 있어서 전혀 추가된 것이 없다"는 사실을 강조하는 것이다. 만일 이 선포가 아브라함 내러티브(narrative)의 맨 처음인 창세기 12장에 있었다면, 그가 믿음으로 의롭다함을 얻었다고 언급하는 창세기 15:6에서, 하나님께서 의롭다고 선포하신 기록은 다만 족장의 최초 순종과 연관이 있는 것으로 제시될 것이다. 그럴 경우 칭의의 결정은 순종의 결과라고 가정하기가 쉽다. 그렇다면 순종에 의해 의롭게 되는 것이 아니라 믿음으로 의롭다 함을 얻는다는 사실이 처음 사건에만 해당될 뿐 영구적이지 못한다는 주장도 가능하게 된다. 하밀턴(V. P. Hamilton)도 지적한 바와 같이 만일 4절의 "아브람이 갔다"는 말이 2~3절 앞에 놓였다면 약속의 말씀이 다만 아브람의 순종의 결과로 주어진 것으로 이해될 것이다. 그렇게 되면 여호와의 주도적 약속의 말씀이 한낱 반응의 말씀으로 전락했을 것이다.[61] 그래서 칼빈(Calvin)은 다음과 같이 말한다.

그러나 그렇게 큰 진전이 있은 후에도 여전히 그가 믿음으로 의롭다함을 얻었다는 것이다. 따라서 성도들은 죽는 시점까지도 은혜로 의롭다

함을 얻는다는 것이 쉽게 이해될 수 있다.[62]

무어(Thomas V. Moore)가 언급한 바도 이와 동일하다.

이른 비가 이미 내렸을지 모른다. 하지만 늦은 비도 구해야 한다.
우리는 회심이라는 이른 비를 맛보았을지 모른다. 하지만 잘 익은
성품의 성화라고 하는 늦은 비를 맞으려면 계속 하나님께 구해야
한다.[63]

왜 아브라함의 이 믿음을 의로 여기셨는가? 아브라함은 하나님께서
그의 허리로부터 "후손"이 태어나도록 해주실 것으로 믿었다고 본문은
말한다. 아브라함도 라멕이 아들 노아를 낳을 때에 저주가 제거되기를
간절히 바란 것과 동일한 소원이 있었을 것이다. 이 사실은 라멕의
소원에서 잘 드러난다.

라멕은 일백 팔십 이세에 아들을 낳고, 이름을 노아라 하여 가로되
여호와께서 땅을 저주하시므로 수고로이 일하는 우리를 이 아들이
안위하리라 하였더라(창 5:28~29).

특히 오실 후손 곧 인간을 저주로부터 구원하고 그들이 하나님께서
주시는 복을 받도록 안내할 후손인 그분을 신뢰한 것 때문에 아브라함은
의로 여김을 받았다고 로벗슨은 이해한다.

(1) 로마서 4:5~8의 구약성구 인용

로벗슨(O. Palmer Robertson)은 창세기 5:29을 인용하면서 오실 "후손"이 저주로부터 인류를 구하고 하나님의 복을 받게끔 그들을 인도할 수 있다고 믿은 아브라함의 신뢰 그것이 의로 여겨졌다고 강조한다. 그는 로마서 4장을 창세기 15:6의 주해로 본다. 바울은 로마서 4장 초두에서 아브라함의 믿음에 대하여 다음과 같이 언급한다.

> 일을 아니할지라도 경건치 아니한 자를 의롭다 하시는 이를 믿는 자에게는 그의 믿음을 의로 여기시나니 일한 것이 없이 하나님께 의로 여기심을 받는 사람의 행복에 대하여 다윗의 말한 바 그 불법을 사하심을 받고 그 죄를 가리우심을 받는 자는 복이 있고 주께서 그 죄를 인정치 아니하실 사람은 복이 있도다 함과 같으니라(롬 4:5~8).

5절 말씀에 따르면, 만일 "하나님"이 의롭게 하시는 분이시라면 "불경건한 자"인 아브라함 자신은 그 칭의의 대상이라는 것이다. "불경건한 자"를 의롭다고 하시는 하나님에 의해 믿음이 의로 여겨지는 것이다. 바울에 의하면 사랑 받던 족장 아브라함이 바로 그 불경건한 자이다. 언약의 약속을 여태까지 소유했으나 하나님 앞에서 개인적 의에 관한 한 그 자신은 여전히 불경건하다. 하지만 의롭게 하시는 하나님은, 주저하지 않고 불경건한 그를 믿음에 의해 의롭다고 선언하신다. 그리고 7절에서는 시편 32:1,2과 창세기 15:6 모두 인용한다.

허물의 사함을 얻고 그 죄의 가리움을 받은 자는 복이 있도다. 마음에

간사가 없고 여호와께 정죄를 당치 않은 자는 복이 있도다(시 32:1~2).

아브라함에게 의가 전가된 것은 다윗이 죄 사함을 받아 복된 자가 된 것과 같다고 본문은 말한다. 비록 다윗에게는 간음하고 살인한 죄가 분명 있지만, 하나님은 이런 죄들을 그에게 "전가"시키지 않으신다. 이 사실이 또한 본래 아브라함의 의가 아니었지만 그 의를 하나님께서 그에게 전가시켜 그의 것이 된 "복됨"이라는 것이다(롬 4:7). 그에게는 자기의 의가 없었기 때문에 본래부터 자신이 지니고 있지 않은 그 의가 믿음에 의해 그의 것으로 여겨진 것이다. 시편 32:1에는 "사하다"('나싸')와 "가리우다"('카싸')라는 두 동사가 수동형으로 나타난다. '나싸'가 능동형으로 사용되면 특히 타인의 죄 짐을 진다("질고를 지고," 사 53:4)라는 뜻("to bear, to carry")이지만 수동형으로는 "죄를 용서한다"("to forgive, to pardon"), "제거한다"("to take away")라는 뜻으로 사용된다. '카싸'는 "가리우다, 덮다"("to cover")라는 뜻으로서 종종 '나싸' 동사와 함께 사용되어 "(죄를) 가리우다"라는 의미로 사용된다(창조. 시 85:2[3]). 그런데 느헤미야 4:5[3:37])에는 '카싸'가 '마하'("도말하다") 동사와 함께 사용되었다. 따라서 시편 32:1과 85:2에서 LXX, V는 "용서하다 …… 감추다"(그러나 시 85:2에서는 "용서하다 …… 가리우다")로, 그리고 KJV, NRSV(시 85:2에서만 "forgive … pardon"), NASB, NIV, 개역성경 등은 "용서하다 …… 가리우다"로 번역했다. 그러나 JB와 REB는 느헤미야 4:5를 근거로 하여 평행법적으로 각각 "forgive … blot out"(85:2에서만 "take … away … blot out")과 "pardon … blot out"(85:2에서만 "forgive … put away")로 번역하기도 한다. 이 역본들이 두 구절에 사용된 두 단어를 한결같이 번역하지는 않았으나 그 의미를 드러내는 데에는 별 문제가 되지 않는다.

그러나 2절의 번역은 LXX, V, KJV, 공동번역, 표준새번역 등이 원문의 순서를 그대로 따랐다. NKJV의 번역이 원문 이해에 도움을 준다.

> Blessed is the man to whom the LORD does not impute iniquity, and in whose spirit there is no guile.

개역성경이 2절에서 "정죄를 당하다"라고 번역한 단어가 바로 창세기 15:6에 사용된 "전가하다"('하샤브')와 동일하다. 따라서 본문은 여호와께서 죄를 전가하지 않는 그 사람이 "복이 있는 자"[64]라고 말한다. 그리고 하반절에서 "간사가 없다"라는 표현은 다윗이 밧세바로 인해 이미 제6계명과 제7계명을 범하고 여호와께 참회하는 터이라 그가 전혀 죄가 없고 결백하다는 표현일 수는 없다. 그와는 정반대로 다윗이 엄청난 죄를 범한 자이었으나 그가 자신의 죄를 부인하거나 감추지 않고 여호와께 정직하게 고백하고 회개했다는 말이다. Moffatt은 "whose spirit has made full confession"으로 그리고 JB와 NJB는 각각 "whose spirit is incapable of deceit", "whose spirit harbours no deceit"로 번역하여 그 의미를 나타내려고 한 것으로 보인다. 다윗은 과연 자신이 죄를 숨기지 않고 여호와께 낱낱이 고백했다(특히 시 38:9,18; 51:3,5,17을 참조하라). 그의 철저한 회개는 시편 32:5에 잘 나타난다.

> 내가 이르기를 내 허물을 여호와께 자복하리라 하고 주께 내 죄를
> 아뢰고 내 죄악을 숨기지 아니하였더니('로키씨티') 곧 주께서 내 죄의
> 악을 사하셨나이다('아타 나싸타', 시 32:5).

원문에서는 목적어인 "내 죄"와 "내 허물"이 동사 앞에 놓여 도치되었
고 대명사 "주께서"를 첨가하여 여호와께서 다윗의 죄악을 사하여
주셨다는 확실성을 부각시킨다('아타 나싸타'). JB의 "And you, you
have forgiven …" 역시 JPSV, FC, TOB 그리고 REB의 "then you for
your part remitted …" 등이 저자의 의도를 잘 드러낸다. 우리가 여기에
서 다시 기억해야 할 것은 시편 저자의 강조점은 다윗의 철저한 회개에
있다기보다는 여호와를 업신여긴 그(삼하 12:10)에게 여호와께서 죄를
전가하지 않으셨다는 데에 있다. 사실 다윗은 시편 51:10[12]에서 자신에
게는 정한 마음이나 정직한 영이 전혀 없다고 부르짖었다.

> 하나님이여 내 속에 정한 마음을 창조하시고 내 안에 정직한 영을
> 새롭게 하소서(시 51:10[12]).

본문에서는 우선 두 개의 목적어가 동사 앞에 놓여 자신의 전적
타락을 강력하게 드러낸다. 그리고 그가 사용한 "창조하다"('바라')와
"새롭게 하다"('히데쉬')라는 두 단어는 본문에서 신적 사역이라는 사상
을 내포한다는 데에 의미심장함이 있다. 이 두 단어의 주어는 물론
"하나님"이다. 이미 기존의 것으로는 '바라' 동사의 목적어가 될 수
없음으로 "정한 마음"은 무로부터의 창조만 가능하다는 뜻이다. 그리고
'히데쉬' 동사도 '바라' 동사와 평행법적으로 사용되었다. 따라서 "정직한

영”도 ‘바라’ 동사와 같은 신적 사역이 아니면 그의 안에 존재할 수 없음을 보여준다. 하나님의 창조적 역사 없이는 자신의 마음이 정하게 될 수 없고 역시 하나님의 초자연적 역사 없이는 자신의 영이 새로워질 수 없음을 다윗은 깨닫고 절규한 것이다.

그래서 사도 바울은 아브라함의 칭의 문제를 거론하면서 시편 32편을 인용하고 있다. 바울은 신앙의 대상을 “약속”이라고 정의한다(롬 4:13,14,16,20,21). 아니, 더 나아가서 그는 신앙의 대상이 하나님 즉, 그 약속의 주인이신 그분이시라고 바울은 역설한다(롬 4:17). 아브라함은 하나님께서 약속하신 바를 또한 이루실 수 있다는 사실에 전적으로 설복되었다(롬 4:21).

아브라함이 바랄 수 없는 중에 바라고 믿었으니 이는 네 후손이 이 같으리라 하신 말씀대로 많은 민족의 조상이 되게 하려 하심을 인함이라 그가 백세나 되어 자기 몸의 죽은 것 같음과 사라의 태의 죽은 것 같음을 알고도 믿음이 약하여지지 아니하고 믿음이 없이 하나님의 약속을 의심치 않고 믿음에 견고하여져서 하나님께 영광을 돌리며 약속하신 그것을 또한 능히 이루실 줄을 확신하였으니, 그러므로 이것을 저에게 의로 여기셨느니라 저에게 의로 여기셨다 기록된 것은 아브라함만 위한 것이 아니요 의로 여기심을 받을 우리도 위함이니 곧 예수 우리 주를 죽은 자 가운데서 살리신 이를 믿는 자니라 예수는 우리 범죄함을 위하여 내어 줌이 되고 또한 우리를 의롭다 하심을 위하여 살아나셨느니라(롬 4:18~25).

로마서 4:22에서는 아브라함의 믿음으로 “말미암아”(‘디오’) 그에게 의로 여겨졌다고 한다. 하나님께서는 죽은 모태에서 아들을 생산하게 하실 수 있으시다는 아브라함의 믿음은, 하나님 곧 자신의 아들 예수를 죽음에서 살리신 동일하신 그분에 대한 믿음이다. 오직 이 하나님께서 하신 그 약속을 대상으로 하는 믿음만이 하나님께서 불경건한 자를 의롭게 하시는 방편이 되는 것이다.

(2) "여호와를 믿다"('헤에민 베')

창세기 15:6에서 "아브라함이 여호와를 믿었다"('헤에민 바아도나이') 라는 표현도 원문의 의도를 정확히 이해하는 것이 중요하다. 그러므로 공동번역처럼 "그가 야훼를 믿으니, 야훼께서 이를 갸륵하게 여기시어" 라고 번역한 것은 매우 잘못되었다. 15:6은 4~5절과 연관지어 고려해야 한다.

> …… 네 몸에서 날 자가 네 후사가 되리라 하시고 그를 이끌고 밖으로 나가 가라사대 하늘을 우러러 뭇별을 셀 수 있나 보라 또 그에게 이르시되 네 자손이 이와 같으리라(창 15:4~5).

"믿는다"라는 동사 '아만'의 '히필'형은 보스(Gerhardus Vos)에 의하면 사역적-산출적(causative-productive) 의미인데, 여기에 전치사 '베'를 동반하여 그 확신이 발생한 출처는 바로 여호와이시고, 그분에게서 발생한 확신이 또한 그분에게로 귀착된다는 것이다.[65] 히브리서 기자가 12:2에서 한 말이 바로 그것이 아니겠는가! "믿음의 주요 또 온전케 하시는 이인 예수를 바라보자." 루터(Luther)의 번역처럼 본문은 그분이 곧 믿음의 창시자('알케고스', Anfänger)요 완성자('텔레이오테스', Vollender)이시라고 주장한다. 카이저(Walter C. Kaiser, Jr.)는 보스의 견해를 받아들여, 아브라함의 신앙의 근원과 대상은 여호와인 동시에, 그의 신앙의 대상과 내용은 신적 약속 곧 원복음(창 3:15)에서 약속한 메시아라고 역설한다. 그는 또한 하나님을 믿는다는 것은 하나님의 약속과 명령을 믿는다는 것이요, 그를 믿고 그의 인격과 성품을 믿는 것이라고 지적한다.66) 믿음이란 거듭난 자의 특성으로서 성령의 열매이다. 찰스 하지(Charles Hodge)에 의하면, 헬라어의 '피스티스', '피스테우오'는 "설득하다, 설복하다" 즉, 하나님의 권위와 증언에 근거를 둔 진리의 확신과 설복을 뜻한다.67) 요한복음 6:37,44,65에서도 예수님께서는 은혜가 앞선다는 선행적 은혜(先行的 恩惠)에 대하여 다음과 같이 말씀하셨다.

> 아버지께서 내게 주시는 자는 다 내게 올 것이요 내게 오는 자는 내가 결코 내어쫓지 아니하리라 …… 나를 보내신 아버지께서 이끌지 아니하면 아무라도 내게 올 수 없으니 오는 그를 내가 마지막 날에 다시 살리리라 …… 내 아버지께서 오게 하여 주지 아니 하시면 누구든지 내게 올 수 없다 하였노라 …… (요 6:37,44,65).

이것이 곧 하나님께서 구원의 주도권을 쥐시고 사람을 효과적으로 회개하게 하고 신앙을 갖게 하시는 선행적 은혜라는 것이다. 사도행전 3장에서 베드로는 성전 미문(美門)에 앉아 구걸하던 앉은뱅이를 고친 후 모여든 백성에게 "…… 우리 개인의 권능과 경건(신앙 깊음, 일본신개역)으로 이 사람을 걷게 한 것처럼 왜 우리를 주목하느냐"라는 올바른 이해를 구하며 다음과 같이 선포했다.

그 이름을 믿으므로 그 이름이 너희 보고 아는 이 사람을 성하게
하였나니 예수로 말미암아 난 믿음이 너희 모든 사람 앞에서 이같이
완전히 낫게 하였느니라(행 3:16).

그 사람은 아무런 신앙고백도 하지 않은 상태에서 전적으로 예수님에
의해 주어진('헤 디 아우투 에도켄') 믿음에 의하여 완쾌되었다. 패커(J.
I. Packer)는 믿음에 대하여 이렇게 말한다.

비록 심리적으로는 믿음이 실제적 사실(fact)이지만, 신학적으로 그것
은 행위가 아니다. …… 신학적으로 그것은 새로운 관계로 들어가는
수단, 즉 생명을 받는 수단이다. 성경 자체가 그것은 하나님의 선물이
라고 우리에게 말해준다. …… 하나님이 주신 믿음은 모든 선한
행위들의 근원, 즉 모든 크리스천의 순종의 근원이 된다. 이것은
회개의 삶의 원천이 된다. …… 그 자체가 행위라고 간주되어서는
안 된다. 받아들이는 것, 신뢰하는 것, 획득(taking)하는 것의 하나의
수단으로 간주되어야 한다. 이것이 행위들과 구별되는 믿음의 결과로
('에크') 혹은 믿음을 통해('디아') 인간이 의롭다 함을 받는다는 바울의
주장 이면에 숨어있는 사상인 것처럼 보인다.[68]

슈미트(Hans-Christoph Schmidt)는 모세오경이 동일한 신학적 의도로
편집되었다고 본다. 그는 오경을 원시 역사, 족장 내러티브, 출애굽
내러티브, 시내산 내러티브 그리고 광야 내러티브로 구분하고, 이
내러티브들이 각각 "신앙주제"(Glaubens-Thematik)라는 용어로 이어
졌다고 역설한다. 그는 창세기 15:6; 출애굽기 4:5; 14:31; 민수기 14:11;
20:12을 대표적 성구로 제시한다. 따라서 오경의 강조점은 모세 율법을

지키라는 데에 있는 것이 아니라 하나님을 신뢰하고 그분의 미래사역에 대하여 종말론적으로 기대하는 "신앙"에 있다는 것이다.[69] 싸일하머(John H. Sailhamer)는 오경의 이러한 신앙적 교훈은 시편 78:22,32,37; 106:12,24에서도 찾아볼 수 있다고 한다. 오경 전체의 의미를 보여주는 이 구절들은, 오경의 사건들을 이스라엘 백성의 신앙 유무의 증거로 이해하고 있다. 따라서 그는 오경 저자가 율법 이전(*ante legem*)의 신앙적인 삶과 율법하(*sub lege*)에서의 신앙결핍의 삶을 서로 구별하는 것으로 본다. 율법이 주어지기 이전에 보인 하나님의 백성의 삶의 특징은 신앙과 신뢰인 반면 율법이 주어진 이후에 보인 그들의 삶은 신앙 없음과 실패가 특징이라는 것이다. 아브라함이 신앙으로 살았고(창 15:6), 애굽에서 이스라엘 백성이 신앙으로 살았으며(출 4장), 그들이 신앙으로 애굽에서 나왔고(출 14:31) 그들이 시내산을 신앙으로 접근했다(출 19:9). 그렇지만 율법이 주어진 이후로는 그들의 삶에서 더 이상 신앙적인 특징을 찾아볼 수 없다. 그들의 신앙에 대한 긍정적 언급은 거기에 없다. 모두 부정적이다. 시내산 이후로 이스라엘(민 14:11), 모세와 아론(민 20:12 "믿지 않았다")이 그러하다. 마지막으로 나타난 긍정적인 언급은 출애굽기 19:9a인 서언이라고 그는 생각한다. 그는 오경 저자가 모세의 삶보다는 아브라함의 삶을 빌어 "율법을 지킨다"는 것이 "하나님을 믿는다"는 것임을 보여준다고 이해한다.[70]

이제 느헤미야 9:7~8의 말씀도 창세기 15:6과 동일한 차원에서 이해되어야 한다.

주는 하나님 여호와시라 옛적에 아브람을 택하시고 갈대아 우르에서

인도하여 내시고 아브라함이라는 이름을 주시고 그 마음이 주 앞에서
충성됨을 보시고 더불어 언약을 세우사 가나안 족속 …… 의 땅을
그 씨에게 주리라 하시더니 그 말씀대로 이루셨사오니 주는 의로우심
이로소이다(느 9:7~8).

본문 8절의 "그의 마음이 여호와 앞에서 충성됨을 보시고"라는
말씀에 나오는 "보다"('마짜')라는 동사는 본문을 포함해서 모두 열두
절에 여호와/하나님이 주어로 사용되었다. 특히 창세기 18:26,28,30을
살필 때 여호와께서 의인을 찾으시면('마짜') 소돔을 멸하지 않으시겠다
고 한 말씀은 의인화한 표현에 속한다. 루폴드(Herbert C. Leupold)가
잘 밝힌 바와 같이, 하나님께서 소돔에 의인 몇 명이 있는지를 모르시고
하신 말씀은 결코 아니다. 하나님께서는 그 사실을 확인하시기 위해
광범위한 조사를 하실 필요가 없으시다.[71] 데이비스(John J. Davis)는
하나님께서 아브라함에게 그 성읍들을 멸하시겠다고 알려주신 데에
대해 다음의 몇 가지를 고찰한 바 있다. ① 여호와께서는 아브라함이
인간 타락의 본질과 정도가 어떠한가에 대해 주목하기를 원하셨다.
② 여호와의 절대적 거룩하심으로 인해 여호와께서 그토록 방자한
죄악을 심판하실 수밖에 없음을 아브라함이 마음에 새겨주기를 원하셨
다. ③ 여호와께서 심판하심이 전적으로 의로우시다는 사실을 아브라함
이 충분히 알기를 원하셨다. 따라서 여호와께서는 소돔 사람들의 죄악이
"과연 내게 들린 부르짖음과 같은지 그렇지 않은지"를 "보고 알려고"(21
절) 내려가셨다. ④ 여호와께서는 다른 사람들을 위한 대도(代禱)에
응하셨다는 사실을 아브라함이 배우기를 원하셨다(시 106:23).[72]
창세기 44:16에도 요셉의 형들이 베냐민의 자루에서 요셉의 은잔이

발견되었음을 보고 탄식한 내용이 기록으로 나온다. 본문에 "하나님이 종들의 죄악을 적발하셨으니"라는 표현을 구역성경(1911년판)은 "하나님이 종들의 죄를 드러내셨으니"라고 옳게 이해했다("uncover," NIV). 여기에서 주어인 "하나님"이 동사 앞에 놓여 강조('하엘로힘 마짜')되었다는 사실을 우리는 주목해야 한다. 유대인 학자들(Rashi, Sforno)은 이 동사가 하나님께서 그들의 죄악을 벌하실 방편을 마련하셨다는 것을 나타내기 위해 사용된 것으로 이해한다.[73] 욥기 34: 23~25의 말씀이 우리의 이해에 도움을 준다.

> 하나님은 사람을 심판하시기에 오래 생각하실 것이 없으시니, 세력 있는 자를 조사할 것 없이 꺾으시고 …… 그들의 행위를 아시고 그들을 밤 사이에 뒤집어엎어 흩으시는도다(욥 34:23~25 개역개정판).

위에서 열거한 용례들을 보거나, 느헤미야서 9:7에 나오는 모든 동사의 주어가 "여호와 하나님"이신 것을 볼 때에, 본문 8절에서 강조하는 바도 여호와 하나님께서 아브라함을 충성되게 여기셨다는 것이 분명하다. 바그너(Siegfried Wagner)는 "보다, 발견하다"('마짜')라는 동사가 선택의 뜻으로 사용되기도 한다고 지적한 바 있다(신 32:10; 시 89:20[21]; 호 9:10).[74] "충성됨"('네에만')은 온전히 헌신됨을 뜻하는 것이므로, 본문은 다음 두 가지로 이해된다. 즉, 이스라엘 역사의 마지막 시기에 속한 본문이 창세기 15:6을 염두에 두었거나(ESV와 개역성경 그리고 일본신개역의 관주에는 모두 창 15:6이 제시됨), 혹은 창세기 22장의 순종을 염두에 둔 것이라(L. W. Batten[75])고 본다. 시락서 44:20과 마카비전서 2:52도 후자를 택한 듯하다.[76] 그러나 박윤선 목사는 이

문제에 관해 『야고보서 주석』에서 야고보 2:21~23을 근거로 하여
다음과 같이 주해한다.

> 우리 조상 아브라함이 그 아들 이삭을 제단에 드릴 때에 행함으로
> 의롭다 하심을 받은 것이 아니냐 네가 보거니와 믿음이 그의 행함과
> 함께 일하고 행함으로 믿음이 온전케 되었느니라 이에 경에 이른
> 바 아브라함이 하나님을 믿으니 이것을 의로 여기셨다는 말씀이
> 응하였고 그는 하나님의 벗이라 칭함을 받았나니(약 2:21~23).

그는 "…… 믿음의 행실로 완성되었다는 것뿐이다 …… 우리는
아브라함의 행실(독자 이삭을 번제물로 하나님께 드림)이 그가 의롭다
함을 받던(창 15:6) 때에 이미 그의 믿음 속에 있었던 것이라고 보아야
한다 ……"라고 말한다.[77]

이와 관련해서 창세기 7:1을 고려할 필요가 있다.

> 여호와께서 노아에게 이르시되 너와 네 온 집은 방주로 들어가라
> 네가 이 세대에 내 앞에서 의로움을 내가 보았음이니라(창 7:1).

본문에서 "네가 …… 내 앞에서 의로움을 내가 보았다"라는 말씀을
어떻게 이해해야 할 것인가? 우선 본문에 "보다"('라아')라는 동사를
사용한 것이 특이하다. 하나님께서 노아의 의로움을 발견하셨다는
뜻으로 이 말을 이해하기는 어렵다. "의롭다"는 성경적 용어의 의미
자체도 그러한 해석을 불허하거니와 본문에 앞서 이미 노아가 여호와께

은혜를 입었음('노아흐 마짜 헨 베에네 아도나이,' 창 6:8)과 여호와께서 그와 언약을 세우심으로 그와 그의 온 식구가 홍수의 심판을 면하리라는 약속받았다(6:18)는 사실을 볼 때에 더욱 그러하다. 이 때 "은혜"('헨')와 "언약"('베리트')이라는 용어가 성경에서 처음 나타나는데 창세기 6:8에서는 주어인 "노아"가 문장 초두에 놓여 여호와께서 특별히 그에게 은혜를 입혀주셨다고 강조한다. "…… 이들은 땅에서 쓸어버림을 당하였으되 홀로 노아와 그와 함께 방주에 있던 자만 남았더라('와이샤에르')"라는 창세기 7:23의 말씀에서 남은 자 사상(The Remnant Idea)도 처음 나타난다. 따라서 창세기 7:1의 이 '라아' 동사는 "여기다"("consider," NETB, "accounted," H. Morris[78], "간주하다", 박윤선[79])로 해석하는 것이 바람직하다. 호세야 9:10에서 '마짜' 동사와 '라아' 동사를 같이 사용한 것에 유의하라.

사실 이 단어('라아')는 다음의 두 가지 뜻이 있다.

① "선택하다"

창세기 41:33 "이제 바로께서는 명철하고 지혜 있는 사람을 택하여 애굽 땅을 치리하게 하시고"(개역성경, 구역성경, NRSV);
신 33:21 "그가 자기를 위하여 먼저 기업을 택하였으니 곧 법 세운 자의 분깃으로 예비된 것이로다 ……"(개역성경, NRSV, NIV);
사무엘상 14:52 "…… 사울이 힘 있는 자나 용맹 있는 자가 눈에 띄면(Tanakh) 징병하였다"(NETB);
사무엘상 16:1 "여호와께서 사무엘에게 이르시되 …… 내가 너를 베들레헴 사람 이새에게로 보내리니 이는 내가 그 아들 중에서 한 왕을 예선하였음이니라"(개역성경, NETB, "결정하다"[Tanakh], "준비하다"[구역성경, NRSV, ESV]);

사무엘상 16:17 "사울이 신하에게 이르되 나를 위하여 잘 타는 사람 (a man who plays well)을 구하여 내게로 데려오라"(개역성경, NRSV, NASB, NETB);

말라기 3:18 "그 때에 너희가 돌아와서 의인과 악인이며 하나님을 섬기는 자와 섬기지 아니하는 자를 분별하리라"(개역성경, 구역성경, NASB, REB);

② "좋게 여기다, 호의를 보이다"

사무엘하 24:22 "아라우나가 다윗에게 고하되 원컨대 내 주 왕은 좋게 여기시는 대로 취하여 드리소서 ……"(개역성경, NETB, REB);

호세아 9:10 "옛적에 내가 이스라엘 만나기를 광야에서 포도를 만남 같이 하였으며 너희 열조 보기를 무화과나무에서 처음 맺힌 첫열매를 봄같이 하였거늘 ……"(개역성경. 참조. REB의 "I looked on their forefathers with joy").[80]

창세기 7:1b의 원문은 첫째 목적어('오테카')를 앞에 둠으로써 노아가 하나님의 은혜의 수혜자라는 것을 부각시켰는데 LXX, V, KJV, 루터역이 이를 잘 나타냈다. 따라서 노아는 히브리서 저자의 말과 같이 "믿음으로 …… 믿음을 좇는 의의 후사가 된 것"(히 11:7)이다.

지금까지 살펴본 바에 따르면 성경의 강조점은 어디까지나 하나님께서 주도적으로 아브라함을 선택하시고 부르셨다는 데 있다고 우리는 주장할 수 있게 되었다. 특히 창세기 15:7에서는 아브라함이 우르에서 나오게 된 것도 하나님께서 그를 불러내신 결과라는 사실을 강조하고 있다(창 15:7의 "너를 …… 이끌어낸"('호쩨티카'); 행 7:2~4의 "옮기셨느니라"('메토키센') 그리고 수 24:3[81] 등을 참조하라). 따라서 아브라함이 믿음의 조상이 된 것은 전적으로 하나님의 단독사역(monergism)의 결과라는 점은 아무리 강조해도 지나치다고 할 수 없다. 이러한 사상을 체이퍼(Lewis S. Chafer)가 다음과 같이 잘 드러냈다.

아브라함과의 언약은 …… 무조건적 언약이다 …… 하나님께서는 아브라함의 성품이나 행위에 의존하신 적이 결코 없으셨다. 하나님은 단지 자신이 이루고자 하신 목적을 아브라함에게 선포하신 것뿐이다. 이것은 아브라함의 신앙에 근거한 것이기는 하지만 그렇다고 해서 아브라함의 신실성에 근거한 것은 아니다. 그 언약은 오로지 하나님의 신실하심에만 근거하여 보증되었고, 그리고 보증되고 있는 것이다.[82]

주

* 특별히 명시된 경우를 제외하고는 개역성경을 텍스트로 사용하였다.

1) 참조. GKC § 107 b N. Edward J. Young, *Commentary on the Book of Isaiah*, Vol. III, NICOT (Grand Rapids: Eerdmans Pub. Co., 1972), p. 308. 그리고 Leslie McFall, *The Enigma of the Hebrew Verbal System*, Historical Texts and Interpreters in Biblical Scholarship, 2 (The Almond Press, 1982), p. 19를 참조하라.

2) Leonard J. Coppes, "נבט," eds., R. Laird Harris; G. L. Archer, Jr., B. K. Waltke, *TWOT*, Vol. II (Chicago: Moody Press, 1980), p. 546, 역시 알 레이드 해리스, 글리슨 엘 아쳐 2세, 부르스 케이 월케 공저, 『구약원어신학사전』 (하) (서울: 요단출판사, 1986), 1284쪽을 참조하라.

3) Joseph. A. Alexander, *Commentary on the Prophecies of Isaiah* (Grand Rapids: Zondervan Pub. House, 1974), p. 260.

4) Edward J. Young, 상게서, pp. 307~308.

5) P. D. Miller, Jr., "Syntax and Theology in Genesis XII 3a," *VT* XXXIV (1984): 472.

6) 요 8:31,33,39,53의 "자기를 믿는 유대인들"은 아브라함의 신앙을 이어받은 자들이 아니라고 여겨진다. L. Morris, *The Gospel According to John*, NICNT (Grand Rapids: Eerdmans Pub. Co., 1971), p. 454를 참조하라.

7) J. J. Stewart Perowne, *The Book of Psalms*, Vol. I, Pslams 1-72, The Zondervan Commentary Series (Grand Rapids: Zondervan Pub. Co., 1976), p. 360.

8) Hermann Gunkel, *Die Psalmen*, fünfte Auflage (Vandemnhoeck & Ruprecht, 1968), p. 187.

9) Franz Delitzsch, *Biblical Commentary on the Psalms*, Vol. II, trans. Francis Bolton, KDBCOT(Grand Rapids: Eerdmans Pub. Co., 1968), p. 62.

10) P. A. Verhoef, *The Books of Haggai and Malachi*, NICOT (Grand Rapids: Eerdmans Pub. Co., 1987), pp. 196~197.

11) 창 24:8("오직 내 아들을 데리고 그리로 가지 말지니라")에서 '라크'는 하반절의 초두에 위치하였다. 결국 신 15:23a의 금령("오직 피는 먹지 말고")만 암 3:2과 동일한 구조이다. 내용 면에서 유사한 신 10:15의 원문에서도 '라크'가 문장 초두에 위치한다("여호와께서 오직 네 열조('라크 베……']를 기뻐하시고 그들을 사랑하사 그 후손 너희를 만민 중에서 택하셨음이 오늘날과 같으니라").

12) 이 동사를 하나님과 이스라엘의 언약 관계를 나타내는 전문 용어로 이해하는 F. H. Seilhamer, "The Role of Covenant in the Mission and Message of Amos," *A Light Upon My Path, Old Testament Studies in Honor of J. M. Myers*, eds. H. N. Bream, R. D. Heim and C. A. Moore (Phila.: Temple Univ. Press, 1974), p. 441을 참조하라.

13) E. Baumann, "יָדַע und seine Derivate," *ZAW* 28 (1908): 특히 32~35, 그리고 H. W. Wolff, *A Commentary on the Books of the Prophets Joel and Amos*, Hermeneia, trans. W. Janzen, S. D. McBride, Jr., and C. A. Muenchow (Phila.: Fortress, 1977), pp. 176~177을 참조하라. 이 단어는 심오한 의미에서 "안다"("erkennen" - Cripps), 혹은 "선택하다"("choose, elect, select" - C. F. Keil, H. Gunkel, E. Baumann, W. R. Harper, G. J. Botterweck, A. Weiser, H. W. Wolff, S. M. Paul, "the idea of elective grace" - J. B. Payne) 등으로 이해된다. 시 88:18[19]에 '아하브'와 '야다', 그리고 신 7:7; 10:15에 '하샤크'(חָשַׁק, "기뻐하다")와 '바하르'가 평행법으로 사용되었는데, 특히 신 7:8에는 '아하브'와 '파다'(פָּדָה, "속량하다")가 함께 나타난다. 하나님께서 아브라함을 선택하셨음을 나타낼 때에도 바로 이 '야다'가 사용되었고("그를 택하였나니," 창 18:19), 렘 1:5에서는 "알다"와 "구별하다"가 함께 사용되었다("너를 알았고['예다티카'] …… 너를 구별하였고'['히크다쉬티카']).

14) G. F. Oehler, *Theology of the Old Testament* (Grand Rapids: Zondervan Pub. House, 1883), p. 177.

15) H. Seebass, "בָּחַר," *TDOT*, Vol. II (Grand Rapids: Eerdmans Pub. Co., 1975), p. 87.

16) G. Wallis, "חָשַׁק," *TDOT*, Vol. V (Grand Rapids: Eerdmans Pub. Co.,

1986), p. 262.

17) W. B. Green Jr., "The Ethics of the Old Testament," *PTR* XXVIII (1929): 313-66, 특히 "구약의 윤리관," 『구약신학논문집』(제3집), 윤영탁 역편(서울: 성광문화사, 1985), 147쪽.

18) "Abraham ⋯ provides the supreme Biblical example of faith, as the basic condition through which men are granted testamental righteousness and without which no man may be saved," J. B. Payne, *The Theology of the Older Testament* (Grand Rapids: Zondervan Pub. House, 1962), p. 98.

19) '레크 ⋯⋯ 와옐레크'(וַיֵּלֶךְ ⋯ לֶךְ)의 형식은 출 4:27; 민 22:20 이하, 35; 삼상 3:9; 23:2~5; 왕상 17:3~5, 9~10; 18:1~2; 호 1:2~3 등에서 찾아볼 수 있다. Th. C. Vriezen, "Bemerkungen zu Genesis 12:1-7," *Symbolae Biblicae et Mesopotamicae: F. M. T de Liagre Bohl dedicatae*, ed. M. A. Beek (Leiden: E. J. Brill, 1973), p. 382를 참조하라.

20) 본문의 '디베르'를 "명령하다, 약속하다"라고 이해하는 W. H. Schmidt, "דָּבַר," *TDOT*, Vol. III (Grand Rapids: Eerdmans Pub. Co., 1978), pp. 97, 101~102를 참조하라.

21) H. W. Wolff, "The Kerygma of the Yahwist," *Int* 20(1966): 138. 그는 이어서 이렇게 말한다: "So then, according to verse 4a, Abraham 'goes' without any 'ifs' or 'buts,' apparently without even just a trace of effort."

22) Th. E. McComisky, *The Covenants of Promise. A Theology of the Old Testament Covenants* (Grand Rapids: Baker Book House, 1985), p. 65.

23) 필자의 졸고, "믿음의 조상 아브라함," 「신학지남」, 제47권, 1집 (서울: 총신대학 신학지남사, 1980): 75~77의 내용 일부를 보완하여 여기에 소개했다.

24) G. von Rad, *Old Testament Theology*, Vol. I, trans. D. M. G. Stalker (N. Y.: Harper & Row Publishers, 1962), p. 183. 이 표현과 유사한 아카드어의 용례에 관해서는 Chayim Cohen, "The Idiom קָרָא בְשֵׁם in IInd Isaiah," *JANES* I, No. 1 (1968): 32 이하를 참조하라.

25) 그는 이 표현이 이스라엘 민족의 기도에서 원시 흔적이라고 주장한다. W. Eichrodt, *Theology of the Old Testament*, Vol. I, trans. J. A. Baker (Phila.: Westminster Press, 1961), p. 172.

26) H. A. Brongers, "Die Wendung בְּשֵׁם יְהוָה im Alten Testament," *ZAW* 77 (1965): 1~20. 구약성경에서 "부르다"와 "섬기다"가 습 3:9에 평행법으로 사용된 것은 사실이다. 그러나 우리의 관심사인 이 구절들에서는 이러한 해석이 적절하지 못하다고 생각한다.

27) BDB, p. 1028.

28) 그는 본문이 "에노스"가 여호와 예배의 창시자임을 보여준다고 하며, 이 표현은 예배에서 본질적 동작을 뜻하는 것이라고 이해한다. J. Skinner, *A Critical and Exegetical Commentary on Genesis*, ICC (Edinburgh: T. & T. Clark, 1930), pp. 126~127.

29) 볼프는 이 표현이 "특히 타종교 신봉자들 사이에서 여호와에 대한 신앙고백(사 41:25; 44:5), 그리고 제민족과 섞여 살면서 그를 경배함(사 12:4; 시 105:1; 슥 13:9)을 뜻하는 것으로 이해한다. H. W. Wolff, *A Commentary on the Books of the Prophets Joel and Amos*, p. 68.

30) 습 3:9에서는 '아바드'(עָבַד)와 평행법적으로 사용되었다. 우리의 관심사인 이 관용구가 창 4:26; 12:8; 13:4; 21:33; 26:25; 왕상 18:26(바알); 시 116:4, 13,17; 욜 2:32[3:5]; 습 3:9에 나타나는데, 위에 열거한 역본들 거의 모두 아브라함에 관한 기사에서는 동일하게 번역했다.

31) H. Bornkamm, *Luther and the Old Testament* (Phila.: Fortress Press, 1969), p. 213.

32) J. Calvin, *Genesis*, Calvin's Commentaries, Vol. I (Grand Rapids: Eerdmans Pub. Co., 1989), pp. 65, 122~123.

33) C. F. Keil, *The Pentateuch*, Vol. I, KDBC OT (Grand Rapids: Eerdmans Pub. Co., 1968), p. 120. 그는 욜 2:32의 주해에서 다음과 같이 설명한다. "Calling upon the name of Jehovah signifies not only the public worship of God, but inward worship also, in which the confession of the mouth is also an expression of the heart," C. F. Keil, *The Twelve Minor Prophets*, Vol. I, KDBC OT (Grand Rapids: Eerdmans Pub. Co., 1969), p. 214.

34) J. Murray, *The Epistle to the Romans*, Vol. 2, NICNT (Grand Rapids: Eerdmans Pub. Co., 1969), p. 57.

35) C. Westermann, *Genesis 1-11. A commentary*, trans. J. J. Sculion (Minneapolis: Augsburg Pub. House, 1984), p. 177을 참조하라.

36) V. P. Hamilton, *Handbook of the Pentateuch: Genesis, Exodus, Leviticus, Numbers, Deuteronomy* (Grand Rapids: Baker Book House, 1982), p. 96.

37) 박윤선, 『창세기, 출애굽기 주석』 (서울: 영음사, 1988), p. 202.

38) J. A. Motyer, *The Revelation of the Divine Name* (Theological Students Fellowship, Leicester, 1959), 역시 "하나님의 성호의 계시," 『구약신학논문집』 (제3집), 윤영탁 역편 (서울: 성광문화사, 1985), 94쪽.

39) 박윤선, 『창세기주석』 (서울: 영음사, 1981), 243쪽.

40) Carl Brockelmann, *Hebräischer Syntax* (Neukirchen, 1956), § 107 f. GKC, § 119 s. P. Paul Joüon, *Grammaire de L'hebreu biblique* (Rome: Institut Biblique Pontifical, 1982), § 133 d. 그리고 각주 74)를 참조하라.

41) P. Paul Joüon, *Grammaire de L'hebreu biblique*, § 116 i.

42) H. C. Leupold, *Exposition of Genesis*, Vol. II (Grand Rapids: Baker Book House, 1942), p. 639.

43) 알 레아드 해리스, 글리슨 엘 아쳐 2세, 부르스 케이 월케 공저, 『구약원어신학사전』 (상) (서울: 요단출판사, 1986), 496~497쪽을 참조하라.

44) 우리의 입장과는 다르나 이 표현의 다양한 번역과 해석에 대해서는 A. Marx, "Sens et Fonction de Gen. XXII 14," *VT* LI/2 (2001): 197~205를 참조하라.

45) 출 6:3의 올바른 이해에 대해서는 J. A. Motyer의 뛰어난 논문 "하나님의 성호의 계시," 윤영탁 역편, 「구약신학논문집」 (제3집) (서울: 성광문화사), 49~97쪽을 참조하라.

46) 아브라함을 높인 내용들은 *The Talmud of Babylonia*, Vol. XIX. B. Bavli Qiddushin 4:14 T., trans. J. Neusner (Atlanta, Ga.: Scholars Press, 1992), p. 176. Kiddushin, 4.14, The Mishinah, trans. H. Danby (London:

Oxford Univ., 1964), p. 329를 참조하라.

47) J. H. Sailhamer, "The Mosaic Law and the Theology of the Pentateuch," *WTJ* 53 (1991): 249~54에서 이 문제에 관해 세밀하게 다루었다. 역시 박윤선, 『창세기주석』, 302~303쪽을 참조하라. 스키너(J. Skinner)는 본문의 표현이 P와 D가 결합된 표현으로 본다. 베스터만(C. Westermann)은 "post-Deuteronomic"으로 본다.

48) *Hebrew-English Edition of the Babylonian Talmud*, Aboth, trans. J. Israelstam (London: Soncino Press, 1988), p. 12b, C(6)를 참조하라. 역시 Aboth 5.3, *The Mishinah*, p. 455. 그들이 주장하는 열 가지 시험의 내용에서는 Pirque deRabbi Eliezer 26~31과 Aboth deRabbi Nathan 32가 서로 다르다. J. Bauker, *The Targums & Rabbinic Literature, An Introduction to Jewish Interpretations of Scripture* (Cambridge: Cambridge Univ. Press, 1969), pp. 228~229. 역시 "Abraham," *EncJud*, Vol. 2 (Jerusalem: Keter, 1972), pp. 117~118을 참조하라.

49) J. H. Sailhamer, "The Mosaic Law and the Theology of the Pentateuch,": 251.

50) 희년서(The Book of Jubilees) 11:15~12:8의 내용은 R. H. Charles, *The Apocrypha and Pseudepigrapha of the Old Testament in English*, Vol. II, Pseudepigrapha (Oxford: Clarendon Press, 1913), pp. 31~32를 참조하라.

51) *The Talmud*, trans. H. Polano (London & N. Y.: Frederick Warne & Co., repr. 1978), pp. 34 ff. 특히 pp. 44~45를 참조하라.

52) U. Cassuto, *A Commentary on the Book of Genesis*, Part II, trans. I. Abrahams (Jerusalem: Hebrew Univ. Press, 1964), pp. 315ff.

53) M. H. Segal, "Abraham the Founder of Israel's Monotheism," *The Pentateuch: Its Composition and Its Authorship and Other Biblical Studies* (Jerusalem: Magnes, The Hebrew Univ., 1967), pp. 126~127.

54) G. Ch. Aalders, *Genesis*, Vol. II, BSC (Regency Reference Library, 1981), p. 30. 창 20:13a의 "두루 다니게 하다"('히트우 오티 엘로힘')라는 표현에서 복수형 동사를 사용하였는데, 이것은 혹자들처럼 다른 문서 때문이라기보다는 역시 아브라함의 신앙적 나약성을 드러내는 것이 아닐지?

55) 상세한 내용은 J. L. Thomson, "The Immoralities of the Patriarchs in the History of Exegesis: A Reappraisal of Calvin's Position," *CTJ* 26 (1991): 9~46을 참조하라. 필자는 저자의 허락을 받아 번역한 "해석사에 나타난 족장들의 부도덕성: 칼빈의 입장의 재평가," 『구약신학논문집』 (제8집), 윤영탁 역편 (수원: 합동신학대학원출판부, 1998), 9~70쪽을 주로 참조했다.

56) H. Seebass, "לקח," *TDOT*, Vol. VIII (Grand Rapids: Eerdmans Pub. Co., 1997), p. 20.

57) L. J. Wood, "חשׁב," *TWOT*, Vol. I (Grand Rapids: Moody Press, 1980), p. 330. 그러나 비평학자들은 이 표현이 족장시대나 초기 왕국시대에서는 불가능한 후기 신학사상을 투영한 삽입에 불과한 것으로 간주한다. C. Westermann, *Genesis 12~36. A Commentary*, trans. J. J. Scullion (Minneapolis: Augsburg Press, 1985), pp. 222~223. 역시 K. Seybold, "חשׁב," *TDOT*, Vol. V (Grand Rapids: Eerdmans Co., 1986), pp. 234, 241~244를 참조하라.

58) Merdith G. Kline, "Abraham's Amen," *WTJ* 31 (1968): 3.

59) J. Murray, *The Epistle to the Romans*, Vol. 2, NICNT (Grand Rapids: Eerdmans Pub. Co., 1968), p. 131.

60) O. P. Robertson, "Genesis 15:6: New Covenant Exposition on an Old Covenant Text," *WTJ* 42 (1979~80): 259~89. 필자는 로벗슨의 글에서 많은 도움을 받았다.

61) V. P. Hamilton, 상게서, pp. 92-93.

62) John Calvin, *Commentaries on the First Book of Moses Called Genesis* (Grand Rapids: Eerdmans Pub. Co., n.d.) p. 409.

63) Th. V. Moore, *Zechariah* (Robert Carter, 1856), 역시 윤영탁 옮김, 『스가랴주석』 (서울: 도서출판 엠마오, 1983), 161쪽.

64) 김정우 지음, 『시편주석 I』 (서울: 총신대학교출판부, 1998), 144~145쪽을 참조하라.

65) G. Vos, *Biblical Theology: Old and New Testament* (Grand Rapids: Eerdmans Pub. Co., 1948), pp. 84~85.

66) W. C. Kaiser, Jr., *Toward an Old Testament Theology* (Grand Rapids:

Zondervan Pub. House, 1978), pp. 91~92, 212. 역시 월터 C. 카이저 지음, 김의원 옮김, 『새롭게 본 구약』, 153~156쪽.

67) C. Hodge, *Systematic Theology*, Vol. III (Grand Rapids: Eerdmans Pub. Co., 1975), p. 42.

68) 제임스 아이 팩커, "구원의 길," 『구약신학논문집』 (제4집), 윤영탁 역편 (서울: 성광문화사, 1987), 178쪽.

69) H.-C. Schmitt, "Redaktion des Pentateuch im Geiste der Prophetie," *VT* 32 (1982): 170~89. 슈미트의 이러한 견해는 싸일하머(J. H. Sailhamer)의 논문("The Mosaic Law and the Theology of the Pentateuch,": 241~3)에 소개되었다.

70) J. H. Sailhamer, "The Mosaic Law and the Theology of the Pentateuch,": 242, 260~261.

71) H. C. Leupold, *Exposition of Genesis*, Vol. I (Grand Rapids: Baker Book House, 1942), p. 550.

72) John J. Davis, *Paradise to Prison* (Grand Rapids: Baker Book House, 1975). p. 200.

73) *The Soncino Chumash*. ed. A. Cohen, SBB (London: Soncino Press, 1947), p. 274.

74) S. Wagner, "Israel's Election as an Activity of God's 'Finding'," in "מצא," *TDOT*, Vol. VIII (Grand Rapids: Eerdmans Pub. Co., 1997), pp. 478~479.

75) L. W. Batten, *Ezra and Nehemiah*, (Edinburgh: T. & T. Clark, 1913), pp. 365~366.

76) 시락서 44:20 "Who kept the commandment of the Most High, and entered into a covenant with Him: in his flesh He engraved him an ordinance(Cp. Gen. 17:9~11,24), and in trial he was found faithful(Cp. Gen. 20)." 마카비전서 2:52 "Was not Abraham found faithful in temptation(Cp. Gen. 22:1), and it was reckoned unto him for righteousness(Cp. Gen. 15:6)?" 괄호 안은 필자가 찰스의 각주에 있는 성구들을 삽입한 것이다. Robert H. Charles, *The Apocrypha and Pseudepigrapha* …, Vol. I, p. 483과 p. 74. 역시 A. Jepsen, "אמן," *TDOT*, Vol. I (Grand

Rapids: Eerdmans Pub. Co., 1974), p. 296을 참조하라.

77) 박윤선, 『성경주석; 히브리서. 공동서신』 (서울: 영음사, 1987), 290쪽.

78) Henry M. Morris, The Genesis Record. *A Scientific and Devotional Commentary on the Book of Beginnings* (Grand Rapids : Baker Book House, 1976), p. 190.

79) 박윤선, 『성경주석. 창세기, 출애굽기』 (서울 영음사, 1981), 138쪽.

80) *A New Concordance of the Old Testament*, ed. Abraham Even-Shoshan (Grand Rapids: Baker Book House, 1984), p. 1041을 참조하라.

81) "내가 너희의 조상 아브라함을 강 저쪽에서 이끌어내어('에카흐,' "I took" -NIV) 가나안 온 땅에 두루 행하게 하고('올레크', אוֹלֵךְ) 그의 씨를 번성하게 하려고('에르베') 그에게 이삭을 주었으며('에텐')"(수 24:3. 개역개정판).

82) L. S. Chafer, *Grace: The Glorious Theme* (Grand Rapids: Academie Books, 1950), p. 26. 아브라함의 언약이 조건적이냐 무조건적이냐? 하는 문제에 대해, 영불러드는 창 15:18의 "아브람으로 더불어 언약을 세워"라는 말씀에서 '카라트 에트-'(כָּרַת אֶת-)의 전치사 '에트'는 상호적 합의로서 조건을 전제한다고 주장한다. 그러나 그는 공로라는 근거에서는 무조건적이라고 하겠으나 도구라는 근거에서는 조건적이라고 덧붙였다. R. Youngblood, "The Abrahamic Covenant: Conditional or Unconditional?," *The Living and Active Word of God, Essays in Honor of S. J. Schultz*, eds. M. Inch and R. Youngblood (Grand Rapids: Eerdmans Pub. Co., 1983), pp. 35~46.

II. 창세기 12:1~3의 메시지

1. "여호와께서 이르시되 가라 ……"

아브라함의 소명에 관하여 최초로 언급한 창세기 12:1도 원문에 초두를 "여호와께서 아브람에게 이르시되 가라('와요메르 아도나이 엘-아브람 레크-레카') …… "(Said the LORD to Abram, "Go …")라는 말씀으로 시작함으로써 이 단독사역설을 뒷받침하고 있다. KJV와 NIV는 과거완료형을 사용해서 "the LORD had said"라고 번역하였는데, 이것은 본문을 창세기 11:31~32의 하란 거주 내용과 연관하려는 데에서 비롯한 것으로 보인다. 그러나 여기에서 우리는 지나치게 연대순에 집착하지 않는 것이 좋을 듯하다. 그 이유는 저자의 의도가 그 내용을 구체적으로 다루려는 데 있지 않은 것 같기 때문이다. 1절 초두의 접속사 '와우'를 LXX, Luther, LR, ZB만 "and"로 직역하고 KJV, JPSV, RSV, NRSV, NASB, NETB, ESV 등은 "now"로,[1) 그리고 V는 "그러나"("autem")로 번역하였다. 대다수 역본들은 이 접속사를 아예 번역하지 않고 생략하였고(BS, SR, JB, NJB, NEB, REB, NIV(!), Tanakh, 개역성경), 이 접속사와 연결된 동사를 과거형으로만 번역하였다("said"). 따라서 저자는 시간의 개념

보다 더 중요한 내용을 위해 창세기 11:27~32를 간략히 다루고 넘어 가려한 것으로 봄이 좋다. 제이콥(Benno Jacob)은 1절의 "이르시되" ('와요메르')가 11:32의 "데라는 …… 하란에서 죽었더라"('와야모트')보다 는 11:31의 "(그들이) 거기 거하였더라"('와에슈부 샴')와 연결이 된다고 이해한다.[2]

본문에 나오는 여호와의 명령은 갈대아 우르에서 아브람에게 하신 것을 하란에서 다시 반복하시는 것으로 이해할 수 있다. 아무튼 아브람 이 우르에 있을 때에 하나님께서 그에게 먼저 나타나셔서 말씀하신 것만은 분명하다. 스데반의 설교 내용(행 7:2~4)에서 이 사실을 알 수 있다. 하나님의 첫 번째 명령에서는 "네 고향과 친척"을 떠나라고 하셨고, 두 번째에서는 "너의 본토 친척 아비 집"을 떠나라고 하셨다. 그렇다면 스데반은 첫 번째 명령을 언급한 반면에 창세기 12:1~3은 두 번째 명령을 기록한 것이 된다. 그리고 창세기 15:7과 느헤미야 9:7은 이 둘을 하나로 다루었다고 보아야 할 것이다. 이븐 에즈라(Ibn Ezra)도 아브라함이 우르에 있을 때 그곳을 떠나라는 명령을 받은 것으로 이해한다. 그가 아버지와 우르를 떠났으나, 하나님께서는 데라 가 하란에 머물 것을 미리 아시고 아브라함에게 "아버지의 집을 떠나라" 고 하셨다는 것이다.[3] 우리는 이 문제를 다음과 같이 정리할 수 있다. 창세기 15:7과 느헤미야 9:7 상반절(원문)에 의하면 하나님께서 아브람 을 갈대아 우르에서 부르셨다. 신약시대에 이르기까지 유대인들이 그렇게 이해하고 있었다는 사실을 사도행전 7:2~4에서 스데반이 증거하 고 있다. 히브리서 11:8에 의하면 그는 우르에서 하나님의 부르심을 받았을 때 목적지가 어디인지 알지 못한 채 믿음으로 순종하여 그곳을 떠났다. 그리고 창세기 12:5에 의하면 그가 밧단 아람의 수도인 하란에 도착한 다음에야 목적지가 어디인지 분명히 알게 되었다. 아브람은 아버지 데라에게 그곳을 떠나도록 간곡히 말씀드렸으나 데라는 오히려 그곳에 정착하기로 했다. 하지만 아브람은 여호와께서 "아비 집을 떠나 내가 네게 지시할 땅으로 가라"(창 12:1)고 하신 명령에 순종하여 하란을 떠나 가나안으로 갔다(창 12:4).[4]

2. 아브라함의 계보 언급 없음

아브라함의 소명과 관련해서 또 하나 특이한 점은, 다른 선조들과는 달리 그의 계보/후예('엘레 톨레도트')에 대한 언급이 없다. 데라(창 11:27. 참조. 아담 - 창 5:1; 노아 - 창 10:1; 셈 - 창 11:10; 이스마엘 - 창 25:12; 에서 - 창 36:1,9)와 이삭(창 25:19) 그리고 야곱(창 37:2)에 대한 계보 언급은 있으면서도 아브라함만 성경이 침묵하고 있다. 제이콥 (Benno Jacob)은 이 침묵이 편찬자에 의해 삭제되었다는 비평학자들 (Heinrich Ewald, Julius Wellhausen, Karl Budde 등)의 견해를 반박하고, 그 점에 대해서는 몇 가지 이유가 있다고 주장한다. 그 일부를 소개하면, 첫째로 "아브라함의 후예는 이러하니라"라고 기록할 수 없는 것은, 그가 창세기 17장 이전에는 아직 "아브람"이었기 때문이다 (대상 1:27 "아브람 곧 아브라함"). 둘째로, '엘레 톨레도트'를 사용하려면 아들이 있어야 하는데, 21장에 가서야 이삭이 태어난다. 셋째로, "이삭 에게서 난 자라야 네 씨라 칭할 것"(창 21:12)이라는 말씀처럼 하갈의 아들(창 16:15)이나 그두라의 아들(창 25:1 이하)이 아니라 오직 사라의 몸에서 난 이삭만이 아브라함의 친자식이 되기 때문이라고 한다.[5] 여하간 아브라함이 소명을 받을 당시 그에게는 아들이 없었고 가나안 땅도 그의 소유가 아니었다. 하지만 그는 창세기 12:2~3과 15:5에 나오는 대로 "…… 하늘을 우러러 뭇별을 셀 수 있나 보라 …… 네 자손이 이와 같으리라"(역시 22:7; 26:4 참조)라는 여호와의 말씀을 믿었다. 그 후에 그는 구체적으로 전개되는 약속의 성취들을 신앙으로 바라보아야 했고 이 일을 잘 감당하였다.

3. 아브라함 소명의 특이성

아브라함의 소명에 대해 키드너(Derek Kidner)는 구속의 역사도 창조의 역사처럼 하나님의 말씀으로 시작하는데 이것은 아브라함이 그의 선조들과 구별되는 특징이라고 말하였다.[6] 보스(Gerhardus Vos)는 여호와께서 베푸시는 선물의 객관성을 아래와 같이 언급한 바 있다. 즉 하나님은 족장들의 마음속의 심리적 상태로부터 시작하시지 않고 그들에게 선물을 주심으로써 작업을 시작하신다. 요지는 아브라함이 하나님을 위해 무엇을 하느냐가 아니라 하나님께서 아브라함을 위해 무엇을 하시느냐 에 있다.[7] 마일렌버그(James Muilenburg) 역시 창세기 12:1 초두에 나오는 이 말씀은 하나님께서 아브라함을 부르셨다는 사실을 너무나도 독특하게 나타낸다고 하면서 다음과 같이 역설하였다.

그 간결한 기사는 사건의 중심부에서 시작한다. …… 현현의 기사(창

12:7을 보라)나, 장소 혹은 때에 관한 언급이나, 심리적 관찰에 관한 묘사가 없다. 그 인물에 관해서도 더 이상 밝히지 않고 다만 '그리고 여호와께서 아브람에게 말씀하셨다'라고 할 뿐이다. …… 그는 소명을 받았다(*He is called*). 그는 때와 운명을 위한 소명을 받은 것이다. 그리고 그는 그에게 분부하신 말씀을 경청함으로써 그의 때에 반응한 것이다. 그는 새로운 시발점에 서게 되었는데, 그것은 곧 여호와께서 한 민족을 위한, 그리고 과연 모든 민족을 위한 주도권을 잡으시는 장소에 서게 된 것이다(괄호 안의 이탤릭체는 저자의 것).8)

과연 그의 소명은 구약성경의 다른 어느 경우보다도 특이하다. 본문의 내용이 밝혀 주듯이 그의 경우에서는 구약성경의 다른 인물들이 소명을 받을 때에 흔히 발견되는 여호와의 현현, 소명을 받는 자의 반응, 그런 후에 다시 안심시키거나 징조가 동반하는 일 등이 전혀 없다. 아브라함의 이 소명은 오직 여호와께서 말씀하시고 명령하시고 약속하시는 것이 전부이다.9) 우리는 족장시대에 하나님께서 자신의 사역자들을 부르신 방법이 선지자 시대와는 다소 다른 특이한 면이 있음을 알고 있다. 보스(Gerhardus Vos)는 족장 시대의 계시적 특징에 대하여 선택의 원칙, 허락하시는 선물의 객관성 그리고 하나님께서 약속하신 바를 절대 단독사역(absolute monergism)의 능력으로 성취하신다는 세 가지를 제시하였다.10) 그러므로 알렉산더(Joseph A. Alexander, 역시 Robert Candlish)가 이 부름 받음을 아브라함의 회심(conversion)으로 말했다고 해서 그가 지나쳤다고 말할 필요는 없다.11)

이사야 선지자는 여기에서 한 걸음 더 나아가 "아브라함을 구속하신 여호와"(사 29:22)라는 표현까지 사용하였다. 본문에 사용된 "구속하다, 속량하다"('파다')라는 단어에 대해서, 유대인의 전설은 아브람이 우르에서 우상숭배를 거부한 까닭에 니므롯(Nimrod)에 의해 풀무불에 던져졌는데 하나님께서 그를 건져주신 사건이 그 배경이라는 그릇된 주장을 한다.12)

한편 비평학자들은 아브라함의 구속에 관한 언급은 이스라엘의 후기 문학에서만 가능하다고 보는 편이며, 그 일이 가능하다고 하여도 구약에 그런 기록이 없어서 알 수 없다고 하는 부정적 입장을 취한다(Edward J. Kissane, Otto Kaiser 등). 그러나 보수주의학자들은 이 단어를 아브라함이 사망의 죄악에서 구원받음(Joseph A. Alexander, John N. Oswalt, W. E. Naegelsbach) 혹은 일반적 의미에서 구출 및 소명과 약속을 받은 것(Edward J. Young)으로 이해한다. 여하간 아브라함이 우상을 섬기던 땅에서 건짐을 받아 선민의 조상이 되었다는 사실을 생각할 때에, 이사야 선지자가 "구속하다"라는 용어를 사용한 것이 적절하지 않다고 할 수 없다.

카일(Carl F. Keil)에 따르면, 노아의 후손들이 여러 민족으로 나뉘어 이방의 다신 종교에 물들게 되었을 때에 하나님께서는 창세기 8:21~22에서 약속하신 바와 같이 인류를 그들의 죄 때문에 멸하지 않는 동시에 죽음에 이르게 하는 도덕적 부패를 막기 원하셨다. 하나님께서 그렇게 하시려면 그들 스스로 형성한 국가가 아닌 하나님의 구원을 수용하며 보존할 백성을 형성하여 그들이 하나님과 구원의 생명의 교제가 가능한 하나의 왕국을 건설하실 필요가 있으셨다. 이러한 목적을 이루기 위한 토대는 하나님께서 아브라함을 부르시고 그를 그의 백성과 본토로부터 구별하심으로 가능했다. 하나님은 특별한 섭리로써 아브라함을 한

민족의 조상 즉, 그를 세상에 구원을 가져오는 조상으로 삼고자 하셨다고 카일은 옳게 이해하였다.[13]

4. 창세기 12:1

여호와께서 아브람에게 이르시되 너는 너의 본토 친척 아비 집을 떠나 내가 네게 지시할 땅으로 가라.

창세기 12:1의 초두는, 원문에 보면, "여호와께서 이르시되"로 시작하는 여호와의 단독 사역의 표현이다. 바로 그 다음에 "가라"('레크', לֶךְ)라고 하시는 신명(神命)에 '레카'(לְךָ, "go forth" -Speiser, NASB, Tanakh; "Auf, geh" -Joseph Schreiner) 즉, 동작을 나타내는 전치사 '레'에 2인칭 여격(ךָ, ethical dative)이 첨가되었다. 킴키(David Kimḥi)는 이것이 이 특별한 활동에 대해 여호와께서 관심을 가지시는 사실을 나타내는 여격(dative of interest)으로 이해한다.[14] 아브라함을 분리하고 구별해야 할 대상인 "너의 본토," "너의(원문) 친척," "너의(원문) 아비 집"이라는 표현에 각각 '민'("떠나" - 개역성경)이라는 전치사가 세 번 사용되었다. 처음 사용한 후로는 그 전치사를 생략할 수 있는데도 거듭된 반복은 점층적 효과(Steigerung)를 나타내기 위한 것이다.[15] 그리고 그가 가야 할 목적지인 "내가 네게 지시할 땅"이라는 이 문구가 1절 끝에 위치하며(원문), 의도적 강세를 나타내는 '눈'(נ, nun energicum)이 "네게"('아르에카', אַרְאֶךָּ)라는 말에 사용되었음을 보게 된다.[16] 이처럼 1절은 여호와께서 아브라함에 대한 자신의 은혜로운 계획을 전개해 나가시는 것을 잘 보여준다.

5. 창세기 12:2

이제 여호와께서 아브라함에게 약속하신 내용이 수록된 창세기 12:2을 고찰하도록 하자.

> 내가 너로 큰 민족('고이 가돌')을 이루고 네게 복을 주어 네 이름을 창대케 하리니('아가델라 쉐메카') 너는 복의 근원이 될지니라('헤예 베라카', הְיֵה בְּרָכָה).

하나님은 아브라함에게 세 가지 약속을 하셨다. 첫째로, 그의 "자손"이 "큰 민족"을 이루게 될 것이며(창 12:2; 13:16; 15:5; 16:10; 17:2~6; 18:18; 22:17), 둘째로, 그들이 "땅"을 소유하게 될 것이며(창 12:1,7; 13:15,17; 15:7,18; 17:8) 셋째로, 땅의 모든 민족이 그를 인하여 복을 얻게 될 것이다(창 12:3; 18:18; 22:18).[17] 이처럼 선택된 한 백성의 아버지인 아브람("고귀한 아버지")은 "열국의 아비"('아브-하몬 고임', אַב־הֲמוֹן גּוֹיִם)인 아브라함(אַבְרָהָם)으로 개명[18] 됨으로써 모든 믿는 자의 조상이 된 것이다(창 17:5). 아브람이 아직 아들이 없을 때에 여호와께서 그의 자손이 하늘의 뭇별처럼 많으리라는 약속을 하시고(창 15:3~5) 십여 년이 지나 그가 99세가 되어서도 아직 약속된 아들이 태어나지 않았을 때에 이 개명이 이루어졌다는 데에 큰 의의가 있다.

(1) "큰 민족" ('고이 가돌')

2절에서는 앞으로 아브라함이 이룰 "민족"을 '고이'(גוֹי)라는 용어로 표현하였다. '고이'는 개역성경에서 "민족(nation), 족속, 열방, 이방"으로 번역되는데 단수형일 경우에는 이스라엘을, 그리고 복수형일 때에는 이방을 주로 가리킨다. '암'(עַם)은 "백성"(people)으로 번역된다. 스파이저(Ephraim A. Speiser)는 '암'이 성경에서 주관적이고 인격적이어서 근본적으로 긴밀한 가족관계를 나타내는 용어인 반면에, '고이'는 객관적이고 비인격적이므로 정치와 관련한 국가와 정부에 대해 사용된다고 이해하였다. '고이'는 '암'과는 달리 '여호와'나 인명과 함께 쓰이지 않으며 '나의 백성'과 같은 선민 용례도 없다. 땅과 관련해서 7회(창 10:5,20,31,32; 출 33:13,14,15) 사용되며 종종 왕국과 연결되어 사용되었다(왕상 18:10; 렘 18:7,9; 대하 32:15; 출 19:6; 단 8:22; 삼상 8:20). 그에 의하면 창세기 12:2에서 '암'이라는 어휘가 하나님의 목적 달성을 위해서는 불충분하기 때문에 대신 '고이'를 사용하였다는 것이다. '고이'라는 말이 특별히 지정된 땅에서 민족으로서 추가적 지위와 안정을 부여하는 것이라고 그는 주장한다.[19] 드 보(Roland de Vaux)에 의하면 '고이'는 영토적 정치적 객관적 관계를, 그리고 '암'은 아버지 쪽의 가까운 친척을 나타내는 동시에, 혈연적 유대관계와 종교적 주관적 관계를 나타낸다는 것이다. 따라서 아브라함이 사라와 롯 그리고 온 가솔과 함께 하란을 떠났을 때 이 무리는 '암'을 구성한 것이므로 이스라엘 백성은 이 시점에서 이미 "백성"으로 출발한 것으로 볼 수 있다는 것이다. '고이'는 흔히 이스라엘에게 적용될 때에 약속의 땅과 관련되며

(창 35:11~12; 수 3:17) 종교적으로는 드물게 쓰이는 단어로서 지역적 정치적 단위를 나타낸다고 드 보는 이해하였다.[20] 앤더슨(George W. Anderson)은 '암'이 친인척 관계와 공동체 관계에서 개인에게 적용된다고 생각한다. 이 공동체에 속한 사람들은 무기를 사용하거나(왕상 20:15) 사법부와 관련되거나(렘 26:9) 예배의식을 위한 목적(삿 21:4; 왕상 21:9; 렘 36:9)과 관련이 있다는 것이다. 그것이 이스라엘에게만 적용되지는 않지만(민 21:9; 렘 36:9) 매우 빈번히 이스라엘에게 적용되며 이스라엘과 하나님의 특별한 관계를 나타낼 때('암 쎄굴라' 신 7:6; 14:2; 26:18; '암 나할라' 신 4:20; 9:26; 시 28:9; '암 카도쉬' 신 7:6)에 사용되는 용어라고 그는 설명했다.[21] 따라서 이 용어는 분명히 본문에 적합하지 않다. 클레멘츠(Ronald E. Clements)는 스파이저(Ephraim A. Speiser)가 내린 정의처럼 이 두 용어를 엄격히 구분할 수 있는 경우가 있기는 할지라도 그처럼 일관성을 완전히 보이지는 않는다고 주장한다. 그리고 그는 '고이'가 다음과 같은 세 가지 요소를 갖는다고 하였다. ① 혈통을 근거한 종족적 기원, ② '고이'와 "왕국"의 평행법적 용법 즉, 왕이 통치하는 국가(사 14:6,18; 41:2; 렘 25:14). ③ 자체적 영토의 소유(사 36:18~20; 시 105:44; 대하 32:13)이다.[22]

위에서 소개한 학자들의 견해는 대동소이하다. '고이'는 아브라함(창 12:2; 18:18), 야곱(창 35:11; 46:3) 그리고 모세(출 32:10; 민 14:12; 신 26:5)에게 사용되었는데, 대체로 "큰, 강대한, 많은, 번성한" 따위의 형용사에 의해 수식되었다. '암'과 '고이', 이 두 단어는 출애굽기 33:13; 시편 18:43; 스바냐 2:9[23] 등에서 평행법적으로 사용되기도 하므로 엄격하게 그 뜻을 구분하는 것은 무리인 경우도 있다.

이제 본문에 왜 '고이'가 사용되었는가 하는 이유를 알게 되었다. 스파이저와 클레멘즈도 이 용어가 여기에 적절하게 사용되었다고 위에서 언급한 바 있다. 하나님께서는 세상의 타락한 인간들이 세우려는 나라와는 다른, 오로지 아브라함의 "씨"인 예수 그리스도를 통한 하나님의 나라를 건설하는 데에 적합한 용어가 '고이'이기 때문에 그렇게 하신 것이라고 우리는 이해한다.[24] 덤브렐(W. J. Dumbrell)은 본문에 주로 구원받은 백성인 이스라엘에게 적용되는 차별적이고 협의적인 '암'보다는, 하나님께서 타락한 인간과 세상을 회복시키셔서 궁극적으로 통치하실 정치적 단위인 하나님의 나라를 잘 나타내줄 용어 즉, 구속 목적에 적합한 용어인 '고이'가 선택되었다고 옳게 이해하였다.[25]

이 땅은 하나님의 나라 건설을 위해 필요 불가결한 요소이므로 여호와께서는 아브라함과 하신 언약 내용에 이것을 포함시키신 것이다. 창세기 12:7에 "…… 내가 이 땅을 네 자손에게 주리라 ……"는 약속을 주셨는데, 제 2목적어가 도치되어 강조 형식을 띤다. 13:15~17에서도 "영원히 이르리라"는 목적어가 도치 형식으로 덧붙여진다. 15:7,13 이하에서는 이 약속이 어떻게 구체적으로 구속사에서 실현될 것인지를 보여주셨는데, 16절에서는 "사대"(4代)라는 말을 앞에 두어 확실성을 부각시켰다. 그리고 18절에서는 동사 앞에 "네 자손에게"를 두어 강조했다(참조. 17:8 "영원한 기업이 되게 하고 나는 그들의 하나님이 되리라"). 마침내 이 약속은 여호수아에 의해 가나안 땅이 정복됨으로 성취되었다. 물론 모세를 통해 여호와께서 그곳의 민족들을 점차적으로 쫓아내시리라고 하신 말씀을 우리는 염두에 두어야 할 것이다.[26]

여호와께서 이스라엘의 열조에게 맹세하사 주마 하신 온 땅을 이와
같이 이스라엘에게 다 주셨으므로 그들이 그것을 얻어 거기 거하였으
며 …… 그 열조에게 맹세하신 대로 하셨으므로 …… 여호와께서
이스라엘 족속에게 말씀하신 선한 일이 하나도 남음이 없이 다 응하였
더라(수 21:43~45).

본문 45절(원문은 43절)의 "여호와께서 이스라엘 족속에게 말씀하신
선한 일이 하나도 실패하지 않았다"라는 부분이 상반절인 열두 자인데
비해 하반절은 "모두 다 응하였다"라는 두 글자에 불과한 짧은 내용이며
그것도 주어가 강조된 도치 형식이다. 저자의 이러한 의도를 유의할
필요가 있다.

창세기 12:2에는 연장형(cohortative)이 2a에 3회("I will make …
I will bless … I will make great") 그리고 3a에 2회("I will bless
… I will curse") 모두 5회 나타난다. 이 연장형들은 화자의 의지를
의도적으로 강하게 드러내는 용법이라는 것은 주지의 사실이다. "가라"
라는 명령형 다음에 연장형들이 사용되어 이 용법이 여호와의 은혜로우
신 약속의 말씀을 나타내는 형식을 강하게 띠고 있다. 이 명령이 조건적
이 아닌 것처럼 이 약속도 아브라함의 순종 여하에 의해 좌우되는
것이 아니다. 그는 오직 그것을 받는 위치에 놓인 수혜자일 뿐이다.
2절의 첫 번째 목적어인 "너"('에에쓰카', I will make you) 다음에
위치한 두 번째 목적어인 "큰 민족"('레고이 가돌')에서 사용된 전치사
'레'는 결과를 드러내기 위한 것인데, 본문에서는 그렇게 되도록 만드실
것('아쎄')에 역점을 두었다.[27) 그러나 창세기 18:18에서는 그렇게 될
것에 역점을 두면서도 부정사 독립형(infinitive absolute)을 사용하여

동사를 강조한다('하요 이흐예 레 ……,' "Abraham will surely become a great and powerful nation," NIV). 2b의 "너는 복이 될지라"라는 명령형은 상반절의 연장형들에 연이어 나옴으로써 여호와께서 의도하신 바가 확실히 성취될 것을 나타낸다.[28]

(2) "너는 복의 근원이 될지라"

창세기 12:2~3의 본문에 사용된 열일곱 글자 가운데 복에 관한 말씀이 다섯 번 나타나는 것으로 보아 그 내용에 대한 올바른 이해가 매우 중요하다는 사실을 우리는 깨닫게 된다. 2절의 마지막 말씀은 저자가 '하야' 동사의 2인칭 단수 명령형인 "너는 복(의 근원)이 될지라"('웨헤예 베라카'. 참조. 창 17:1 '웨헤예 타밈')로 나타내는데, 거기에는 분명한 의도가 있었던 것으로 우리는 확신한다.

그러나 역본들 대다수는 이 표현을 미래형으로 번역하였다. 이 미래형의 번역에서도 주어를 아브라함으로 보는 견해와 그의 이름으로 보는 두 견해로 나뉜다. ① LXX, V, T, S, KJV, RSV, NASB, NIV는 원문을 따라 본문의 주어를 아브라함으로 보고 "you will be a blessing"으로, 그리고 더러는 "you will be blessed"(T)로 번역하기도 하였다. ② 일부 역본들과 학자들은 본문의 주어를 "이름"으로 이해하는데, 이것은 사마리아 오경과 라쉬(Rashi)의 영향을 받아 원문의 명령형을 수정한 결과('웨하야')이다.[29] 그래서 JB의 텍스트는 "it will be used as a blessing"이라고 하였으나 각주에서 이 번역은 수정안이고 히브리 원문은 "may you be a blessing"이라는 사실을 밝혔다. 홍미롭게도

NJB는 이와 달리 "And you are to be a blessing!"이라고 하였다. 그리고 "네 이름은 남에게 복을 끼쳐주는 이름이 될 것이다"라고 한 공동번역이나 "… and it(the name) shall be a blessing"이라고 한 스키너(John Skinner)도 이 범주에 속한다.[30] ZB는 아브라함의 이름이 주어라는 것을 강조라도 하듯 창세기 12:2를 위시하여 나머지 다섯 구절(창 12:3; 18:18; 22:18; 26:4; 28:14)에서 모두 "이름"을 문장의 주어로 취급하였다. 스파이저(E. A. Speiser)의 번역도 여기에 속하는데 ("… make great your name, that it be a blessing"), 이 번역들은 모두 아브라함의 이름이 축복에 사용될 것이라는 뜻으로 해석하였다.

그러나 베스터만(Claus Westermann)도 이러한 번역보다는 축복의 효과를 강하게 나타내는 마쏘라 텍스트대로 이 표현을 해석하는 것이 바람직하다고 주장한다.[31] 슈라이너(Joseph Schreiner)는 2절의 전반부가 여호와께서 아브람에게 말씀하시는 내용이기 때문에 이 끝 부분에서도 그에게 직접 하시는 말씀으로 간주하는 것이 옳다고 강조하였다. 여기에서 돌연 인칭변화(it)가 바뀌어 나타나는 것은 문맥에 맞지 않다는 것이다. 그는 본문에서 아브람의 "이름을 창대케 한다"라는 표현이 특이하다고 지적하였다. 구약성경에서는 주로 이러한 표현이 여호와의 이름이 크다(렘 10:6; 44:26; 말 1:11)고 할 때에 사용된다. 그러나 이곳처럼 여호와께서 어떤 인물의 이름을 크게 하신다고 할 경우에는 그에게 의도하신 특별한 바가 있어서 그를 부르시고 그에게 신적 구원 계획을 완수케 하기 위한 임무를 맡기신 뜻이라고 그는 강조한다 (삼하 7:9 참조).[32] 스파이저는 엘리히(A. B. Ehrlich)의 견해를 따라 본문이 2인칭 남성단수 미래시제의 용법('웨하예타')이지 않은 한, 자신이 위에서 제시한 해석은 불가피하다고 설명한 바가 있다.[33] 사실 그의 말은 일리가 있다. 왜냐하면 원문이 미래시제로 되어 있지 않아 전자와 같이 "…… 될 것이다"라고 이해하기 어렵기 때문이다. '하야' 동사를 미래형으로 해석한 첫 번째 견해도 만족스럽지 못하지만, "이름"을 주어로 하는 이 두 번째 견해도 하나님께서 아브라함에게 하신 약속과는 전혀 무관하게 한다.

루폴드(Herbert C. Leupold)가 지적한 대로 이 명령형을 단순히 창세기 12:2a의 약속들에 하나를 더하는 정도의 약속으로 보는 것은 그 독특성을 제거하는 처사이다. 그는 이 명령형을 양면적으로 이해한다. 즉, 아브라함을 다른 사람들의 축복이 되게 한 것은 바로 하나님이시라는 것과, 아브라함도 이와 같이 되기 위해서 도덕적 책임을 감당해야 한다는 것을 강조하는 것으로 이해하였다.[34] 아브라함을 주어로 하면서 "너는 복이 될 것이다"(you will be a blessing)라고 번역한다면, 이는 단순 미래시제가 되므로 앞서 지적한 스파이저의 반론에 부딪히게 된다.

덤브렐(W. J. Dumbrell)은 이 명령형의 중요성을 문장 구조적 측면에서 다음과 같이 설명한다. 창세기 12:1~3은 2절 끝에 명령형("너는 복의 근원이 될지라")이 사용되어 둘로 나뉘고, 그렇게 함으로써 1절의 명령형적 선언("여호와께서 이르시되 가라 ……")이 마무리된다. 이것은 마치 2절이 1절의 서두 명령형에 의존하듯이, 3절도 2절이 마무리 짓는 그 명령형에 의해 발원한다고 그는 이해한다.[35] 미첼(John J. Mitchell)은 이 표현이 약속인 동시에 명령이므로 "너는 …… 완전하라"는 창세기 17:1 말씀과 같이 반드시 명령형으로 이해해야 한다고 강조한다.[36] 터너(Laurence A. Turner)도 이 명령형 해석을 지지하는 입장에 서서 다음에 이어지는 3절 초두의 접속사 '와우'는 선언보다는 결과를 나타내는 것으로 보고 "Be a blessing. So that I may bless …"로 번역한다.[37] 따라서 우리는 개역성경, JPSV, SR, TOB, Herbert C. Leupold, John J. Mitchell, W. J. Dumbrell 등과 같이, 그리고 이 문제에 국한해서 Francis I. Anderson, Samuel Terrien, Laurence A. Turner, GKC, Paul P. Joüon 등과 같이 이 표현을 명령형("Be thou a blessing")으로 이해하는 것이 원문의 문자적 번역에 충실하며 동시에 아브라함을 복음 전파의 도구로 사용하셔서 땅의 모든 민족으로 복을 받게 하시는 여호와의 주권적 의도도 잘 드러내는 신학적으로 건전한 번역이라고 생각한다.

6. 창세기 12:3

(1) "땅의 모든 족속이 …… 복을 얻을 것이니라"

창세기 12:3의 "너를 인하여 복을 얻을 것이니라"('웨니브레쿠 베카', וְנִבְרְכוּ בְךָ)는 말씀도 역시 이견이 있다. 원문에는 "복을 얻을 것이라"는 표현이 '니팔' 형이다. 히브리어에서 '니팔' 형은 수동형과 재귀형(reflexive)의 두 가지 해석이 가능하나 수동형이 일차적 용법이 될 수 있으므로 본문에서도 LXX, T, KJV, Luther, JPSV, NASB, NIV, BS 등은 모두 수동형("be blessed")으로 번역하였다. 이에 반해서 RSV와 JB, NJB는 재귀형으로 보고 "서로 복을 빌 것이다"("shall bless themselves")라고 번역하였다. JB는 각주에서 "열국들이 서로 간에 말하기를 당신들도 아브라함이 복 받았던 것과 같이 복 받으시오"라고 풀이하였다. NEB도 유사하게 "땅의 모든 족속이 네가 복 받은 것과 같이 복 받으려고 기도할 것이다"라고 번역하였다. 공동번역의 "…… 세상 사람들이 네 덕을 입을 것이다"라는 번역도 여기에 속한다고 보아야 할 것이다.

이처럼 본문의 '니팔' 형은 논쟁적 '니팔'(disputed niphal)이라는 이름이 붙은 신학적 논쟁의 대상이다. 일부 학자들은 아직도 이 문제가 미결상태인 까닭에 수동형과 재귀형 사이를 오가며 계속 입장을 바꾸며 머뭇거리는 실정이다.[38]

1) 수동형이어야 하는 이유

그러나 이 표현을 수동형으로 해석해야 하는 것이 옳은 이유는 다음과 같다. 첫째로, 그것을 수동형으로 받는 것이 문법으로나 본문의 문맥 자체로 볼 때 타당하기 때문이다. 알브렉트슨(Bertil Albrektson)이 던진 다음의 질문이 이 문제를 이해하는 데 도움을 준다. 본문에서 여호와께서는 모든 민족들이 피차 복을 빌 수 있는 성취된 결과라는 견지에서 과거를 개관하시는 것인가? 아니면 여호와께서 장래에 모든 민족들이 복 받을 수 있는 사건들을 위한 신적 계획을 설계하시는 것인가? 분명히 후자가 옳은 견해이다. 이것이 본문의 의도라고 하면서도 그는 전자를 택하였다. 그러나 비록 그가 전자인 재귀형적 의미를 취함에도 불구하고, 분명히 말하기를 근자에 지지를 받고 있는 수동형의 해석이 옳다면 본문은 과연 여호와께서 계획하신 바가 있으셨다고 하였다. 그 계획은 아브라함이 신적 축복을 위한 도구로 택함을 받아 그를 통하여 여호와께서 지구상의 모든 민족들에게 복을 전달하시려는 것이라고 그는 시인하였다.[39] 카이저(Walter C. Kaiser, Jr.)도 수동형의 의미가 가능할 뿐만 아니라 유일하게 저자의 진의에 적합하며, 본문이 요구하는 바라고 강조하였다.[40] 싸르나(Nahum M. Sarna)도 이 동사형을 더 바람직하게 한 번역은 수동형이라고 주장하였다.[41] 오덴달(Dirk H. Odendaal)은 창세기 12:1~3의 성취를 다루는 이사야 40~66장의 예언에서 민족들이 스스로 복을 빈다는 언급이 없다는 사실을 들어 수동형의 해석을 지지하였다.[42]

둘째로, 신약성경의 증거(행 3:25; 갈 3:8~9)가 이 표현을 수동으로 해석할 것을 요구한다.

> 너희는 선지자들의 자손이요 또 하나님이 너희 조상으로 더불어
> 세우신 언약의 자손이라 아브라함에게 이르시기를 땅 위에 모든
> 족속이 너의 씨를 인하여 복을 받으리라 하셨으니(행 3:25).

> 또 하나님이 이방을 믿음으로 말미암아 의로 정하실 것을 성경이
> 미리 알고 먼저 아브라함에게 복음을 전하되 모든 이방이 너를 인하여
> 복을 받으리라 하였으니(갈 3:8~9).

이 두 성구는 혈통으로 말미암지 않고 믿음에 의해 아브라함의 후손이 된 유대인들에게 보냄을 받은 베드로, 그리고 오로지 믿음에 의해 그의 후손이 된 이방인을 위해 보냄을 받은 바울이 말한 내용이라는 점에서 의미심장하다. 사도행전 3:25에서 베드로는 아브라함에게 허락된 복이 메시아적 복이라 밝혔고, 갈라디아서 3:8에서 바울은 이 복이 복음에 관한 것이라 강조하여 "하나님이 이방을 믿음으로 말미암아 의로 정하실 것을 성경이 미리 알고 복음을 전하되"라고 하였다. 이들은 각각 창세기 12:3에 나타난 이 표현을 수동으로 이해한 것이다. 그러므로 우리는 신약성경을 따라 이 표현을 수동형으로 해석하는 것이 옳다.

셋째로, 고대와 그 이후 이른 시기의 역본들(LXX, V, T, Luther, KJV)이 수동형을 취하고 있다. 특히 LXX이 '에세 유로게메노스'로 번역하였는데, 여기에 메시아적 해석이 내포되어 있다고 하겠다. 중간기의 위경(僞經) 인 희년서 12:23[43]도 수동형 해석을 취하였다. 아브라함에게 주어진 이 약속이 메시아와 복음에 관한 것이라고 하였으니 우리가 이 표현을

어떻게 해석하는가 하는 문제는 매우 중요하다. 누구든지 믿음의 조상 아브라함의 믿음을 따라 이 복음을 받아들이면 약속된 신적인 복 곧 구원을 받는다는 것이 성경의 가르침이다.

2) 재귀형적 해석의 문제점

그러면 이 용어를 재귀적인 의미로 해석할 경우에 어떤 결과가 초래되는가? 스파이저(Ephraim A. Speiser)가 솔직히 고백한 대로 그 차이점이 피상적으로는 대수롭지 않은 것 같으나 신학적으로는 중대한 결과를 초래하게 된다.[44] 스키너(John Skinner) 역시 우리가 수동형적인 해석을 받아들일 때, 그것은 참 종교가 주는 복이 아브라함과 그의 후손들을 통해 세상에 중재될 것을 뜻한다고 말하였다. 하지만 그는 라쉬(Rashi)의 재귀형적 해석[45]이 더 좋다고 하여 이를 따랐다("by thee shall all … bless themselves").[46]

그러나 패트릭(Dale Patrick)은 이 표현의 재귀적인 해석과 수동적 해석 양쪽 모두 가능하지만 자신은 후자를 택한다고 하였다. 그에 따르면 전자는 이방 민족들에게 단순히 이스라엘의 성공과 행복이 너무나도 인상적이어서 "당신은 아브라함/이스라엘처럼 복을 받으시오"라고 말하는 것에 지나지 않는다고 한다. 그러나 수동형은 이스라엘의 존재 자체가 그 복을 모든 민족에게 중재하는 것을 뜻하기 때문에 자신은 이 해석을 택한다고 고백하였다.[47] 그것을 재귀형으로 해석할 때에는 본문의 복이 단순한 찬사,[48] 행운을 소원하는 하나의 형식이나 표준,[49] 혹은 갱생되지 못한 민족주의를 반영하는 정도의 상투적인 표현50)에 불과한 것으로 전락하고 만다. 흥미롭게도 드라이버(Samuel R. Driver)는 재귀형의 번역을 택하는 대부분의 현대학자들을 따르면서도 어느 쪽을 택하든지 광의적으로는 메시아 사상이 내포되었다고 말하였는데,51) 이것이 어떻게 가능한 것인지는 의심스럽다.

재귀형의 해석을 택할 경우에 야기되는 더욱 심각한 문제는 그 해석을 고집하는 이들의 주장 자체에 의해 잘 드러난다. 그들에 의하면, 본래 '야위스트'(Yahwist)가 모든 민족들도 이스라엘이 받는 복에 참여하도록 만들어 놓은 수동형을 소위 신명기 학파 편집자가 재귀형으로 수정하여 그 민족들이 이스라엘처럼 복 받기를 소원만 하는 것으로 바꾸어 실제로는 거기에서 제외시켰다고 한다.52) 수동형의 해석을 반대하는 대표적 인물로는 로울리(Harold H. Rowley)를 들 수 있다. 그는 우리가 위에서 열거한 창세기의 다섯 구절의 정당한 해석은 오로지 "그들이 서로 복을 빌 것이다"라는 것으로 주장한다. 그렇다면 이 표현은 아브라함이 하나님께 복을 너무 많이 받았기 때문에 모든 사람이 유사한 복을 받기 소원하는 것 곧 자신들이 복 받기를 간구하는 것뿐이라고 한다. 결국 이 구절들은 아브라함과 그의 씨가 모든 사람에게 복을 가져다준다는 뜻이 아니라는 것이다. 그는 분명히 밝힌다. 이 견해에 따르면 그 약속이 그리스도의 사역을 예언한 것이라고 간주될 수 없다라고!53) 이것은 어디까지나 구속사적 약속을 거부하는 입장이다. 따라서 우리가 상고하고 있는 본문들의 수동형적/재귀형적 해석의 선택문제는 앨리스(Oswald T. Allis)가 잘 지적한 대로 단순히 언어상의 문제를 초월하는 것이다. 재귀형의 해석은 구약의 약속 예언의 중요성을 희석시키거나 부정하는 동시에 신약의 인용과 해석을 구약과 상충케 하는 처사이다. 비평학자들이 재귀형적 해석을 고집하는 이유를 앨리스는 다음과 같이 설명한다.

> 그들이 …… 그렇게 하는 것은 구약성경에 대한 그들의 합리주의적 재구성(再構成)이 그토록 두드러진 예언을 수용할 여지가 없고, 그리고 그 복의 현저한 보편성이 그들의 이론 곧 고대 히브리인들은 '부족신'(tribal god)을 경배하였는데, 그 신은 능력이 한정된 것만큼이나 그의 영역이 제한되었다는 이론과 조화를 이루지 못하기 때문이다.54)

3) 창세기 22:18; 26:4의 재귀형 이해

그러면 여호와께서 족장들에게 복을 주시겠다고 약속하신 말씀이 수록된 창세기 22:18과 26:4의 재귀형('히트바라쿠', הִתְבָּרֲכוּ)은 어떻게 이해해야 하는가? 이 두 구절 때문에 수동형으로 된 창세기 12:3을 포함한 다른 구절들(창 18:18; 28:14)도 재귀형으로 보아야 한다는 주장이 없지 않다(예를 들면, RSV, NEB, JB, Gerhard Wehmeier 등). 이러한 주장이 성립될 수 있는지 알아보기 위해서 다섯 번에 걸친 신적인 축복의 말씀을 간략하게 살펴보는 것이 필요하다. 창세기 12:3; 18:18; 22:18은 아브라함에게, 26:4은 이삭에게 그리고 28:14은 야곱에게 주신 말씀이다.

> …… 땅의 모든 족속이 너를 인하여 복을 얻을 것이니라('웨니브레쿠') 하신지라(창 12:3).

아브라함은 강대한 나라가 되고 천하 만민은 그를 인하여 복을 받게 될 것이('웨니브레쿠') 아니냐(창 18:18).

또 네 씨로 말미암아 천하 만민이 복을 얻으리니('웨히트바라쿠') 이는 네가 나의 말을 준행하였음이니라 하셨다 하니라(창 22:18).

네 자손을 하늘의 별과 같이 번성케 하며 이 모든 땅을 네 자손에게 주리니 네 자손을 인하여 천하 만민이 복을 받으리라('웨히트바라쿠', 창 26:4).

네 자손이 땅의 티끌 같이 되어서 동서남북에 편만 할지며 땅의 모든 족속이 너와 네 자손을 인하여 복을 얻으리라('웨니브라쿠', 창 28:14).

이 구절들을 번역한 몇몇 역본을 살펴보면 다음과 같다(수동형은 '수'로, 재귀형은 '재'로 그리고 각주는 /로 표시하였다).

	LXX[55]	V[56]	T[57]	루터, LR	KJV	BS[58]	NA SB	NIV	개역	JP SV	RSV	NRSV[59]	NEB[60]	JB, NJB	Tana-kh
12:3	수	수	수	수	수	수	수	수	수	수	재/수	수/재	재	재	재
18:18	수	수	수	수	수	수	수	수	수	수	재/수	수/재	재	재	재
22:18	수	수	수	수	수	수	수	수	수	수	재	재	재	재	재
26:4	수	수	수	수	수	수	수	수	수	수	재	재	재	재	재
28:14	수	수	수	수	수	수	수	수	수	수	재/수	수/재	재	재	재

위에서 보는 바와 같이 고대 역본들과 보수주의적인 역본들은 다섯 구절 모두 수동형으로 번역하였다. 그러나 비평적인 입장을 취하는

역본들은 다섯 구절 모두 재귀형 또는 재/수 혹은 수/재로 번역하였다. 앨리스는 재귀형을 수동형으로 번역할 수 있는 성구들을 제시한다. 그 성구들은 다음과 같다(앨리스가 제시한 LXX과 V는 *로 표시하고 그가 역본을 제시하지 않은 그 밖의 성구들에는 필자가 역본들을 명시하였다).

창 37:35 개역성경; 민 31:23*, KJV; 민 33:9*; 신 4:21 KJV; 신 28:68*; 삼상 3:14*, 개역성경; 삼상 30:6 개역성경; 왕상 2:26 개역성경; 욥 15:28 KJV; 욥 30:16,19 KJV; 시 73:21*; 시 92:9*; 시 107:17*, 개역성경; 시 107:27*, KJV의 각주; 시 119:52 Luther역; 잠 31:30*; 사 30:29*, KJV; 애· 4:1*, 개역성경; 겔 14:11*; 겔 19:12*, 개역성경; 단 12:10*, KJV; 미 6:16 KJV; 욘 3:8 KJV 등.[61]

4) 중간 입장

일부 학자들은 원문대로 창세기 12:3은 수동형으로 그리고 22:18과 26:4은 재귀형으로 해석하는 중간 입장을 취한다. 이들에 따르면 창세기 12:3은 여호와께서 주권적으로 아브라함을 신적인 복의 중보적 존재로 선정하신 것을 나타내며, 22:18과 26:4은 이미 선정된 그를 통해서 믿음의 후손들이 복을 나누는 것을 나타내는 것이 된다. 폰 오렐리(Conrad von Orelli)에 의하면, 수동형인 전자는 그 최고의 복을 누구에게서(from whom) 받기를 기대해야 하는지 보여주며, 재귀형인 후자는 그것이 누구 안에서(in whom) 발견되며 누구의 매개를 통해서 받게 되는지 보여준다고 한다. 따라서 아브라함은 세상과 하나님 사이에서 구원의 제사장적 중보자가 되는 것이다. 그가 받은 복이 먼 이방 사람들에게 참된 하나님의 지식을 전해주며, 그들이 그와 같은 복을 간구할 때에 하나님으로부터 특별한 은혜를 받은 아브라함의 이름으로 구하기 때문에 성취된다는 것이다. 이방 사람들은 그 복과 아브라함의 인격 또는 그의 이름이 그들에게 입증(수동형으로) 되지 않는다면 그들은 그 축복을 간구하는 일(재귀형)을 하지 않을 것이라고 폰 오렐리는 주장한다. 그러므로 이 구절들에서 전자가 신적인 복의 객관적 체험을 강조[62]하였다고 한다면, 후자는 민족들의 주관적 태도 즉, 그들이 아브라함과 그의 씨 안에서 자신들에게 약속된 복을 받기 원한다는 면이 강조되었다고 말할 수 있다.[63] 그렇다면 후자는 창세기 12:2에 약속한 축복을 단순히 보충하는 사상에 불과할 것이다.[64] 덤브렐(W. J. Dumbrell)에 따르면, 두 동사형을 이렇게 사용한 것은 의도된 뜻을 각 동사형이 독자적으로 전달하기에 부적절하여 쓰인 것일 수도 있다는 것이다. 따라서 덤브렐은 이 둘을 종합한 일종의 중간적 의미로서 재귀형이 "자신들을 위해 복을 획득하다(to win)"이거나 "자신들을 위해 복을 구하여 얻다(to find)"라는 뜻으로 사용되었을 것이라고 하며, 이렇게 한 것은 이방이 이스라엘에 합류하기를 갈구한다는 선교적 차원에서 타당하다고 그는 생각한다.[65] 매코미스키(Thomas E. McComisky)는 '니팔'형은 아브라함이 언급된 구절에, 그리고 '히트파엘'형은 후손이 언급된 구절에 나타난다는 데 착안하여 다음과 같이 결론을 내렸다. '니팔'형은 하나님으로부터 나오는 복의 직접적인 중보자로서 아브라함의 직책을, 그리고 '히트파엘' 형은 이방인들이 아브라함의 후손 안에서 그리고 그 후손과 함께 그 복을 자신들의 것으로 삼는다는 사실을 드러낸다는 것이다.[66] 그러나 이러한 중간 입장보다는 고대와 그 이후 이른 시기의 역본들과 GKC,[67] Oswald T. Allis, Dirk H. Odendaal, Walter C. Kaiser, Jr., Nahum M. Sarna 뿐만 아니라, 무엇보다도 신약성경의 견해를 따라 이 다섯 구절 모두 수동형으로 번역하는 것이 저자의 의도에도 부합하리라고 본다.

지금까지 우리는 창세기 12:2~3에서 하나님께서 아브라함에게 약속하신 축복의 말씀을 "너는 복이 될지라(명령형) …… 땅의 모든 족속이 …… 복을 받을 것이니라"(수동형)로 이해하는 것이 옳다는 사실을 논하였다. 이렇게 해석할 때에 비로소 믿음의 조상 아브라함과 동일한 신앙을 소유한 모든 사람들에게 이 약속된 복이 임하는 것이 가능하게 된다. 결국 수동적 해석은 모든 민족이 이스라엘이 받을 복에 참여하는 것이 하나님의 계획의 핵심이라고 강조한다.

(2) "축복"과 "저주"('칼랄', '아라르')

> 너를 축복하는 자('베레크'의 복수)에게는 내가 복을 내리고 너를 저주하는 자('칼랄'의 단수)에게는 내가 저주하리니('아라르') 땅의 모든 족속이 너를 인하여 복을 얻을 것이라('니브레쿠 베카', 창 12:3).

본문에 사용된 저주에 관한 용어의 사용도 특이하다. 창세기 27:29과 민수기 24:9에서도 본문과 유사한 내용이 나타난다.

> ……네게 저주하는 자('아라르'의 복수)는 저주를 받고('아루르') 네게

축복하는 자('베레크'의 복수)는 복을 받기를 원하노라(창 27:29).

…… 너를 축복하는 자('베레크'의 복수)마다 복을 받을 것이요 너를
저주하는 자('아라르'의 복수)마다 저주를 받을지로다('아루르', 민 24:9).

이 두 구절에서 "저주한다"라는 용어가 모두 '아라르'인데 비해 본문
12:3에서만 "너를 저주하는 자(단수)에게는 내가 저주하리니"에서 첫
단어는 '칼랄'('피엘' 형)이, 그리고 그 다음 단어는 '아라르'가 사용되었다
(역시 신 27:13을 15~26과, 그리고 28:15을 16~19과 비교하라). 일찍이
카일(Carl F. Keil)은 정의하기를 '칼랄'이 인간 편에서 모독적인 저주라면
'아라르'는 하나님 편에서 법정적인 저주라고 하였다.[68] 코쯔(George
W. Coats)는 이 두 단어를 구별하여 '아라르'는 하나님께서 다른 민족에게
어떤 반응을 보이시는지를 나타내는 반면에, '칼랄'은 그들이 아브라함
또는 그의 가족과 성립한 관계를 나타낸다고 하였다.[69] 그런데 LXX,
V, T, Luther역을 위시한 대부분의 역본들은 두 단어를 모두 "저주한다"로
번역하였다. 흥미롭게도 JB는 "I will curse those who slight you"라고
하였으나 개정판인 NJB는 양쪽 모두 "curse"로 옮겼다. NEB의 "those
that curse you, I will execrate"도 개정판인 REB는 모두 "curse"로
일치시켰다. 볼프(Hans W. Wolff)에 의하면, 이러한 용어의 변화는
이스라엘에 대해 누구든지 저주의 형식인 '아루르'(אָרוּר)를 사용하지
않고 다만 그들을 무시하고 경멸('칼랄')하기만 하여도 하나님의 저주를
받을 것을 나타낸다고 이해하였다.[70] 그러나 미첼(John J. Mitchell)은
언약신학의 견지에서 설명하기를 '칼랄'이 "얕보다"라는 뜻이므로 이것
은 언약 파기를 의미한다고 하였다. 따라서 언약의 후손(Seed)을 두었고

또한 여호와께서 그와 언약을 체결한 아브라함을 얕보는 것은 하나님 자신을 얕보는 처사이기 때문에 하나님의 진노를 자초하게 된다는 것이다.71)

3절의 전반부는 교차대구법(chiasmus. 동사+목적어+목적어+동사, AB : BA)으로 되어 있다. 이것은 평행법에서 흔히 찾아볼 수 있는 형식으로 후반부의 어순이 도치를 통해서 강조되는 형식이다.72) "너를 축복하는 자"('메바르케카')와 "너를 저주하는 자"('메칼렐카')는 분사(分詞)형으로 표현된 반면에 "내가 복을 내리고"('아바라카')와 "내가 저주하리니"('아오르')는 정(定)동사형으로 표현되는 것에 대해 베마이어 (Gerhard Wehmeier)는 이 복이 어떤 마법이나 주술이 아닌 하나님께서 하시는 일을 나타내기 위함이라고 이해한다. 그리고 '칼랄' 대신에 '아라르'를 사용한 것은 인간의 행동 차원에서, 모든 민족의 행복은 그들의 윤리적 행위에 달렸다는 것을 나타낸다고 한다. 따라서 '베레크'(KB2의 בָּרַךְ II의 '피엘'형)는 "축복하다"가 아닌 "돕다"("to meet helpingly")라는 뜻이 된다. 그리고 그는 원문에 축복은 복수인 반면에 저주는 단수로 된 사실에 대해서 복수는 민족들의 정상적인 행동이 기대되는 것을 드러낸다고 하였다("I will bless those who help you, and I will curse him who treats you badly",73) 밀러(P. D. Miller)가 이 복수/단수의 문제를 출애굽기 20:5~6과 그리고 순서가 도치된 신명기 7:9~10에 연관시킨 것은 옳았다.

그것들에게 절하지 말며 그것들을 섬기지 말라 나 여호와 너의 하나님 은 질투하는 하나님인즉 나를 미워하는 자의 죄를 갚되 …… 삼사대까

지 이르게 하거니와 나를 사랑하고 내 계명을 지키는 자에게는 천대까
지 은혜를 베푸느니라(출 20:5~6. 역시 신 5:9,10).

그런즉 너는 알라 오직 네 하나님 여호와는 하나님이시요 신실하신
하나님이시라 그를 사랑하고 그 계명을 지키는 자에게는 천대까지
그 언약을 이행하시며 인애를 베푸시되 그를 미워하는 자에게는
당장('엘파나우'. "대면하여", 구역성경)에 보응하여 멸시하나니 ……
지체하지 아니하시고 당장에 보응하시느니라(신 7:9~10. 역시 시편
30:5a[6a]).

그러나 밀러(P. D. Miller, Jr.)가 여기에서 하나님의 사랑과 아브라함
을 통한 축복만 강조한 것은 잘못이다. 밀러의 입장은 그의 번역에서
잘 드러난다. "… and should there be one who regards you with
contempt I will curse him"(밑줄은 필자의 것).[74] 볼프(Hans W.
Wolff)도 이미 이와 유사한 견해를 피력하였는데, 그에 따르면 이곳의
단수는 아브라함을 모독하는 예외의 경우라고 하였다. 환언하자면,
3a에서 하나님의 약속은 저주가 목적이 아니었기 때문에 이곳의 강조점
은 축복에 있다는 것이다.[75] 물론 성경은 사랑의 하나님을 계시해준다.
그래서 다른 셈족들의 문헌들과 달리 성경은 저주보다는 축복을 강조하
여 앞세운다(레 26장; 신 28장). 그리고 하나님은 죄인이 자기 죄로
죽는 것을 원치 않으시고, 그가 회개하고 살기를 참으로 원하셔서
구원의 길을 마련해 주셨다(사 53장; 63:9; 렘 31:3; 겔 18:23,30~32;
33:11; 요 3:16; 롬 5:8; 요일 4:8~10,16 등). 그러나 성경은 또한 하나님께
서 심판의 하나님이심을 분명히 밝힌다. 이미 첫 복음[76]으로 불리는

창세기 3:15에 여인의 집합적 후손이 뱀의 집합적 후손과 구분되었고, 그 후손들 사이에 영적 전쟁이 지속할 것으로 명시된다. 따라서 매코미스키(Thomas E. McComisky)가 창세기 12:3은 만민구원설을 제시한 것이 아니라고 말한 것은 참으로 옳다. 그는 3a에 분명히 하나님께서 어떤 사람에게는 복을 주시고 또 다른 사람에게는 저주를 내리신다고 하셨기 때문에 신앙만이 그 약속의 혜택을 받는 필요조건이라고 밝혔다.[77] 여기에서 서로 다른 단어가 사용되었다는 사실을 놓치지 않는 것도 중요하지만, 그보다는 오히려 그 축복의 본질이 무엇이며 그것을 거부하는 결과가 무엇인가 하는 핵심 문제에 주목하는 것이 더 중요하다.

3b는 창세기 12:1~3 전체의 결과절로서 앞에서 하신 약속들이 어떻게 성취될 것인지를 보여주는 메시지를 내포한다고 하겠다. 이 하반절은 상반절과는 달리 주어가 여호와가 아니라 "땅의 모든 족속"이다. 여호와께서 아무 공로 없는 아브라함에게 베푸신 놀라운 은혜 곧 복된 약속으로 말미암아 이 땅에 오고 오는 모든 믿음의 후손이 그의 육신의 후손이라는 한계를 넘어 이제는 그와 동등한 복을 받게 된다. 따라서 약속의 신학을 강조하는 카이저(Walter C. Kaiser, Jr.)는 본문에 언급된 약속 즉, 그 핵심이 복음인 이 약속은 창세기 3:15의 원복음에서 시작하여 창세기 12:1~3의 아브라함과 맺은 언약, 다윗과 맺은 언약(삼하 7장) 그리고 새언약(렘 31장)으로 이어지는 것으로 본다. 하나님께서는 여러 번에 걸쳐서 그러한 약속의 형식인 언약을 하셨으나 약속은 오직 하나뿐이라고 그는 역설한다.[78]

창세기 12:2~3에 나타난 신적인 복의 선포는 인간이 죄로 인해 받은 저주(창 3:17. 5:29과 비교하라)를 폐지하고, 시날 평지에 세운 바벨탑으로 말미암아 흩어진 열국들을 믿음의 조상 아브라함을 중심으로 통일시키며, 그와 그의 후손들로 하여금 그리스도 안에서 이 복을 누리게 한다("땅의 모든 족속이 너를 인하여 복을 얻을 것이니라"). 이 본문이 창세기 3~11장과 어떤 연관성을 갖는지는 여기에서 상론하지 못하나, 특히 바벨탑 사건과 연관성이 있는 것은 분명하다. 12:2의 "이름을 창대케 하리니"와 11:4의 "대(臺)를 쌓고 …… 우리 이름을 내고"라는 표현의 용어 선정에서도 그 연관성을 찾아볼 수 있다. 두 구절에서 공히 "이름"('쉠')이 나타나고 역시 "창대케 하다"라는 '가달' 동사와 그 파생어인 '미그달'("망대")이 사용되었다.[79]

물론 비평학자들도 창세기 12:2~3 본문의 중요성은 인정한다. 그러나 그들은 전승사적 접근에 의해서 그렇게 생각하기 때문에 우리와 이해를 달리한다. 그들에 의하면, 본문은 다윗 시대 특히 솔로몬 시대를 배경으로 해서 만들어진 '야위스트'(Yahwist)의 작품에 지나지 않는다. 따라서 그 작품은 창세기 2~11장의 원역사(Urgeschichte)의 결론일 뿐만 아니라 또한 그것에 대한 진정한 열쇠가 되는 하나의 교량 역할을 하는 삽입(예를 들면, 창 6:5~8; 8:21 이하; 12:1~4a; 25:23,30 등)에 불과하다. 다시 말하자면, 그것은 다윗-솔로몬 통치하의 황금기에 '야위스트'의 케리그마 나 여러 모티브를 종합 해석한 것에 불과하며, 그러므로 아브라함도 이스라엘 민족의 조상이라는 이상적 인물(Idealbild)에 불과한 존재로 전락한다.[80] 따라서 이러한 주장은 본문이 제시하는 바를 올바로 대변한다고 할 수 없다.

시편 105편의 저자는 이스라엘의 역사 가운데 나타난 하나님의 특별한 사랑을 나열하면서 이스라엘 백성을 "그(의) 종 아브라함의 후손"(5절)이라고 하였다. 그는 특히 출애굽의 이적과 기사 그리고 광야에서 하나님이 그들에게 은혜를 베풀어주신 것이 "그(의) 종 아브라함을 기억"하셨기 때문(42절)이라고 기록하였다. 아브라함의 말년에 그의 늙은 종 엘리에셀은 하나님께서 자기 주인에게 베푸신 인자('헤쎄드')와 성실('에메트')이 끊이지 아니하였음을 목격하였다(창 24:27). 미가 선지자도 하나님께서 이스라엘을 회복하실 것에 대하여 말하면서 "주께서 옛적에 우리 열조에게 맹세하신 대로 야곱에게 성실('에메트')을 베푸시며 아브라함에게 인애('헤쎄드')를 더하시리이다"(미 7:20)라는 말로써 자신의 예언을 마무리하였다. 아브라함은 과연 "하나님의 벗"(약 2:23. 역시 사 41:8. 창 18:17도 참조하라)이었으며, 그의 후손들인 이스라엘 백성은 "주의 벗 아브라함의 자손"(대하 20:7)이었다. 우리가 만일 인간 아브라함에게 역점을 두어 마치 창세기 12:3의 복/저주 문제가 모든 민족이 그를 어떻게 대하느냐에 따라 좌우된다거나 그를 유일신 종교의 창시자 정도로 생각한다면 그것은 성경이 주장하는 바와는 전혀 다르다. 그는 원래 여호와를 알지 못하였다. 거듭 강조하거니와, 그가 귀한 인물로 여겨지는 것은 유대인들이나 비평학자들의 주장처럼 그가 인류 역사나 세계 종교사에서 차지하는 위치 때문이 아니라 다만 그가 하나님의 은혜로 믿음의 조상으로 택함을 받았다는 점에서 그러하다.

(3) "너를 인하여/말미암아"

그러므로 엄밀히 말해서 그는 약속된 "복"의 대행자(agent)일 수는 없다. 개역성경의 "(너를) 인하여"(창 12:3), "(그를) 인하여"(18:18), "(네 씨로) 말미암아"(22:18), "(네 자손을) 인하여"(26:4), "(너와 네 자손을) 인하여"(28:14)라는 표현들은 모두 전치사 '베'를 번역한 것이다. 이 전치사를 다른 역본들은 "……안에서"(local: LXX, V, Luther, KJV, NASB, NRSV. 역시 갈 3:8; 행 3:25의 '엔'), "……를 통하여"(instrumental: NIV)[81] 그리고 "함께"(corporative: 갈 3:9의 '순')로 번역했다. 그러나 RSV(각주는 Or in), JB, NJB 등은 "……에 의해"("by")로 번역하였는데, 이것은 덤브렐(W. J. Dumbrell)에 따르면 재귀형 해석의 결과[82]로서 아브라함을 복의 대행자로 오인할 소지가 다분히 있다. 또한 원인을 뜻하는 개역성경의 창세기 12:3과 18:18의 "인하여"라는 번역은 탈굼 옹켈로스(Targum Onkelos)의 "…… 때문에"('베딜')와 동일한 것으로 오해되지 않도록 곧 이어지는 "씨"에 대한 약속의 성구들과 연관시켜 이해해야 한다. 구역성경(1911년 판)은 비록 12:3에서 "인하여"로 번역하였으나, 2절에서는 "너는 복의 기관이라"고 함으로써 아브라함의 역할을 분명히 밝혀 주었다. 앨리스(Oswald T. Allis)는 갈라디아서 3:9과 올스하우젠(Justus Olshausen)을 따라 이 전치사를 "……와 함께"("with")로 번역할 것을 주장한다.[83] 따라서 그는 창세기 12:3b를 "…… 땅의 모든 족속이 너와 함께 복을 얻을 것이니라"로 이해한다.

개역성경은 원문에 없는 "근원"이라는 표현을 2절에 첨가하여 "복의 근원"으로 번역하였는데, BS("tu seras une source de bénédiction")나 SR("Deviens donc [une source] de bénédiction")도 이와 동일하게 번역했다. 베마이어(Gerhard Wehmeier)도 이사야 19:24과 에스겔 34:26을 근거로 하여 명사인 "복"('베라카')이 "복의 근원"으로 이해될 수 있다고 하였다.[84] 카일(Carl F. Keil)에 따르면, 원칙적으로 전치사 '베'는 "······안에서"("in")로 이해해야 하지만 "······을 통하여"("through")도 배제하지 말아야 한다는 것이다. 그 이유는 아브라함이 단순히 중보자(medium, dispencer)일 뿐 아니라 모두를 위한 복의 근원(source)도 되기 때문이라고 그는 설명한다.[85] 여하간 이 근원이라는 표현은 본문에 사용된 전치사 '베'의 기능을 바르게 이해한 간접적 차원의 근원으로 보아야 할 것이다.

아브라함은 다만 하나의 채널[導管]로 쓰이기 위해 선택된 인물이다. 그는 수혜(受惠)의 대상이지 시혜자(施惠者)는 아니다. 예수님께서도 다메섹 도상에서 회심한 바울이 장차 해야 할 사역에 대하여 아나니아에게 알려주시며 이렇게 말씀하셨다.

> ······ 이 사람은 내 이름을 이방인과 임금들과 이스라엘 자손들 앞에 전('바스타조')하기 위하여 택한 나의 그릇이라(행 9:15).

개역성경은 이 단어를 "전하다"로 번역했으나 '바스타조'는 대다수의 영어역본들처럼 원래의 뜻대로 "운반하다"("to carry" -V, Luther, NIV, ZB, LS, NETB, ESV, 역시 일본신개역; "to bring" -NRSV, JB, REB, Moffatt; "to bear" -KJV, NASB)로 옮기는 것이 옳다. 비인격체인 그릇이 이름을

"전파한다"는 것이 어색한지 공동번역과 표준새번역은 "내가 뽑은 인재로서 …… 널리 전파할 사람이다"라고 번역하여 오히려 "전파한다"에 비중을 높인 느낌이다. 중국어성경은 "선양(宣揚)하다"로 번역했다. 이러한 번역들은 자칫하면 사역자가 "선양"(宣揚)이나 "양명"(揚名) 정신에 오도되어 자신의 본분을 망각하고 스스로 무엇을 할 수 있는 양 권위주의에 사로잡힐 우려가 있다. 이런 해석은 본문의 이해뿐 아니라 바울 자신의 인식과도 거리가 멀다. 바울(작은 자!)은 이 운반하는 도구에 불과한 자신에게 결코 큰 비중을 두지 않았다. 그는 오히려 항상 자신을 평가 절하했다(엡 3:7~9; 딤전 1:12~16). 그는 자신이 질그릇(!)에 불과하다고 역설한다.

> 우리가 이 보배를 질그릇에 가졌으니 이는 심히 큰 능력은 하나님께 있고 우리에게 있지 아니함을 알게 하려 함이라(고후 4:7 개역개정판).

질그릇이 "이스라엘과 이방인들에게서 …… 그 눈을 뜨게 하여 어두움에서 빛으로 사단의 권세에서 하나님께 돌아가게 하고 죄 사함과 나를 믿어 거룩케 된 무리 가운데서 기업을 얻게"(행 26:16~18) 할 수 있다는 말은 분명히 아닐 것이다! 바울은 다만 "…… 자기를 깨끗하게 하면 귀히 쓰는 그릇이 되어 거룩하고 주인의 쓰심에 합당하며 모든 선한 일에 예비함이 되리라"(딤후 2:21)라고 충고한다. "그의 능력이 역사하시는 대로"(엡 3:7), "우리 가운데서 역사하시는 능력대로"(엡 3:20), "내게 능력 주시는 자 안에서"(빌 4:13), "내 속에서 능력으로 역사하시는 이의 역사를 따라"(골 1:29), "나를 능하게 하신 그리스도"

(딤전 1:12)라는 표현들은 결국 바울이 자기 스스로 한 일이라고는 아무것도 없고 오직 주인이신 그분께서 자신을 그릇으로 사용하신 것뿐이라고 고백하는 것이 아니겠는가? 과연 그의 일생의 유일한 목표는 "살든지 죽든지 내 몸에서 그리스도가 존귀히 되게 하려"(빌 1:20) 하는 것이었다고 해도 과언이 아니다.

> 그러므로 내가 그리스도 예수 안에서 하나님의 일에 대하여 자랑하는 것이 있거니와 그리스도께서 이방인들을 순종케 하기 위하여 나로 말미암아 말과 일이며 표적과 기사의 능력이며 성령의 능력으로 역사하신 것 외에는 내가 감히 말하지 아니하노라(롬 15:17~18).

우리 믿음의 조상인 아브라함의 귀한 사명에 대하여 워필드(B. B. Warfield)가 진술한 말을 귀담아 들을 필요가 있다.

> 아브라함의 지고한 영광은 그의 성실함을 통해서 인류에게 하나님의 마음의 계시를 보급해 주는 일에 쓰임 받았다는 데에 있다.[86]

따라서 땅의 모든 민족이 복 곧 복음으로 구원을 받는 것은 오직 아브라함의 영적 후손이신 예수 그리스도를 "인하여" 그리고 그분으로 "말미암아" 가능하다! 이러한 사실은 하나님께서 아브라함을 부르신 목적이 무엇이었는지 그에게 친히 말씀하신 창세기 18:19의 내용에도 나타난다.

> 내가 그로 그 자식과 권속에게 명하여 여호와의 도를 지켜 의와

공도를 행하게 하려고 그를 택하였나니 이는 나 여호와가 아브라함에게 대하여 말한 일을 이루려 함이니라(창 18:19).

개역성경은 원문의 순서('키 예다티우 레마안…')를 잘 나타내지 못하였으나 현대인의 성경(역시 NIV)은 그대로 하려고 노력하였다.

내가 아브라함을 택한 것은 그가 자기 자녀들과 후손들을 잘 인도하여 의롭고 선한 일을 하게 하며 경건하게 살도록 하기 위해서이다. 그렇게 함으로써 나 여호와는 아브라함에게 한 모든 약속을 이행할 것이다.[87]

이것은 여호와께서 "아브라함은 강대한 나라가 되고 천하 만민이 그를 인하여 복을 받게 될 것이 아니냐"(18절)라고 말씀하신 다음에 하신 말씀이다. 이 18절의 말씀을 매우 강조하고 난 다음에 19절이 뒤따라 나온다는 점을 간과하지 않아야 한다. 18절은 주어인 "아브라함"이 문장의 초두에 놓여 강조된 상태이고, '하야' 동사도 부정사 독립형으로 쓰여 강조되었다('웨아브라함 하요 이흐예 ……'). 그런 다음에 19절은 원인을 나타내는 접속사 '키'로 시작한다. 이러한 문법 구조도 아브라함의 맡은 사명이 이토록 막중해서 그것을 올바로 감당하려면 신행일치를 이루는 윤리적 실천적 삶으로 이어져야 할 것을 잘 보여준다.

7. 창세기 12:1~3에 나타난 그리스도

하나님께서 아브라함에게 창세기 12:1~3에서 말씀하신 언약을 바울은 갈라디아서 3:8에서 이렇게 언급한다.

> 또 하나님이 이방을 믿음으로 말미암아 의로 정하실 것을 성경이 미리 알고 먼저 아브라함에게 복음을 전하되 모든 이방이 너를 인하여 복을 받으리라 하였으니(갈 3:8).

본문은 아브라함이 그의 영적 "후손"인 예수 그리스도를 자신의 구주로 믿고 받아들였을 뿐만 아니라 이 구원의 복음을 전파하여 다른 사람들로 구원을 받게 하는 사명도 받은 것으로 시사한다. 하나님께서는 이러한 복을 오직 그리스도를 통해서 우리에게 주실 것이라는 점을 아브라함에게 "너로 큰 민족"(창 12:2)을 이루게 하겠다고 약속하신 다음 창세기 22:18에서 "또 네 씨로 말미암아 천하 만민이 복을 얻으리니"라고 하심으로써 더 구체화하신다. 여기에서 "씨"(단수)는 사도행전 3:25에 인용된 대로 성육신 하신 예수 그리스도를 가리키며, 갈라디아서 3:16에도 의심할 여지없이 이 사실이 명확히 나타난다.

> 너희는 선지자들의 자손이요 또 하나님이 너희 조상으로 더불어 세우신 언약의 자손이라 아브라함에게 이르시기를 땅 위의 모든 족속이 너의 씨를 인하여 복을 받으리라 하셨으니(행 3:25).

> 이 약속들은 아브라함과 그 자손에게 말씀하신 것인데 여럿을 가리켜

그 자손들이라 하지 아니하시고 오직 하나를 가리켜 네 자손이라 하셨으니 곧 그리스도라(갈 3:16. 역시 19절의 "약속하신 자손"을 참조하라).

그러므로 알더스(Gerhard Ch. Aalders)는 창세기 12:2~3을 주석하면서, 하나님께서 이 약속을 하실 때에 창세기 3:15의 원복음(protoevangelium) 곧 여인의 후손인 동시에 아브라함의 후손인 그리스도께서 뱀의 머리를 상하게 할 것이라는 약속을 그에게 말씀하셨다고 옳게 지적하였다. 따라서 아브라함은 이 원복음의 약속을 이미 알고 있었을 것으로 우리는 가정해야 한다고 그는 주장한다.[88] 카이저(Walter C. Kaiser, Jr.)도 창세기 12:1~3을 거론할 때마다 본문에 원복음이 아브라함에게 전해졌다고 강조한 점을 앞에 이미 소개한 바 있다. 루터(Luther)는 설교할 때에 기독론의 근거로서 아브라함과 맺은 언약을 자주 언급하였다고 한다. 아브라함은 자신에게 약속된 그 씨에 대해 열심히 설교한 것이 틀림없다. 비록 그리스도께서 육신적으로는 아브라함의 후손이지만 복은 그분 안에서 모든 민족에게 약속되었다고 루터는 역설하였다. 아브라함이 "여호와의 이름을 부르다"(창 12:8; 13:4; 21:33)라고 한 표현을 "설교했다"로 그가 해석한 것도 이러한 견지에서 이루어졌을 것이다.[89] 동일한 약속이 아브라함의 아들 이삭에게("네 자손을 인하여," 창 26:4), 그리고 그의 손자인 야곱에게("너와 네 자손을 인하여," 창 28:14) 주어졌고, 또 계속해서 다윗과 맺으신 언약(삼하 7:11~13,16과 눅 1:31~33 비교. 역시 계 22:16의 "나는 다윗의 뿌리요 자손이니"를 참조하라)으로 이어지므로, 아브라함에게 하신 이 약속을 우리는 그리스도 중심으로 해석하게 된다.

하나님께서 아브라함에게 "땅의 모든 족속('콜 미슈페호트 하아다마')이 너를 인하여 복을 받을 것이라"고 창세기 12:3에 약속하신 이 말씀은 "천하 만민"('콜 고예 하아레쯔', 18:18; 22:18)이, 그리고 "국민과 많은 국민"('고이 우케할 고임', 35:11. 본문에서 주어가 도치되어 강조됨)이 복을 받게 될 것이라는 형식으로 계속 점진적이다. 마침내 때가 이르러 그의 "씨"('제라', 22:18; 26:4; 28:14)인 예수 그리스도의 대속의 죽음과 부활 그리고 승천으로 말미암아 "땅의 모든 끝이 여호와를 기억하고 열방의 모든 족속('콜·미슈페호트 고임', 시 22:27 [28])이 주의 앞에 경배"하게 되고, "열방의 방백들"이 모여 "아브라함의 하나님의 백성"('암 엘로헤 아브라함', 시 47:9[10])이 되는 것이다. 여인의 "후손"('제라', 창 3:15)이신 그분이 결국 "그 씨를 보게 되며"(사 53:10), "후손이 그를 봉사할 것"(시 22:30[31], "their descendants worship him," Moffatt)이며 "많은 백성"('아밈 라빔', 사 2:3; 슥 8:22 등)이 구원의 은총을 입게 될 것이다. 과연 예수 그리스도께서는 창세기 12:3의 약속을 성취하실 분으로서 "자기 백성을 저희 죄에서 구원"(마 1:21)하시기 위해 이 땅에 오셨다. 따라서 사도 바울은 갈라디아서 3:9에서 "그러므로 믿음으로 말미암은 자는 믿음이 있는 아브라함과 함께 복을 받느니라"라고 말한 후에 29절에서 "너희가 그리스도께 속한 자면 곧 아브라함의 자손이요 약속대로 유업을 이을 자니라"(역시 갈 3:14 참조)고 담대히 외칠 수 있었다.

나가는 말

지금까지 우리는 다신교적 우상숭배 속에 살면서 영적으로 죽었던 아브람을 하나님께서 은혜로 불러내시고 또 그를 아브라함이라 개명하여 믿음의 조상으로 삼으시고, 그리고 창세기 3:15의 약속을 근거로 하여 그에게 복음을 통해 장차 올 하나님 나라 건설에 관한 약속의 말씀을 주신 창세기 12:1~3도 숙고하였다. 아울러 아브라함이 이 귀한 소명과 약속을 받고 하나님의 뜻에 순종하는 신앙의 모범적 자세도 살펴보았다. 이 연구에서 아브라함이 위대한 인물이었다고 하는 것은, 그가 인류역사에서나 세계종교사에서 차지하는 위치 때문이 아니라는 사실이다. 아브라함이 위대한 인물이라는 것은 그가 하나님의 단독사역을 통한 은혜의 수혜자가 되었기 때문이다. 이것은 우리가 아무리 강조해도 지나치다 할 수 없다. 아브라함도 바울처럼 "나의 나 된 것은 하나님의 은혜로 된 것이니"(고전 15:10)라고 고백했으리라. 내용상으로 볼 때, 여호와께서 아브람을 부르신 기록(창 12:1~3; 느 9:7~8; 행 7:2~4)과 주님께서 바울을 부르신 기록(행 9:1~22; 22:3~16; 26:9~18)에서 유사성이 있음도 우리는 발견한다. 바울도 아브람처럼 주님께서 먼저 찾아주셨고, 바울로 개명(행 13:9)해 주시고, 충성되이 여겨('헤게오마이') 직분을 맡겨 주시고('티데미') 또 은혜를 입혀주셨다('엘레에오').

따라서 이 아브라함은 우리의 소명의 표본이라고 한 칼빈(Calvin)의 말은 매우 옳다.[90]

이제 우리는 어찌해서 창세기 12:1~3이 구약성경의 중심(center)[91]이 되며 또 하나님께서 타락한 인간과 세우신 대표적 언약("THE covenant")[92]이 되는지 이해하게 되었다고 생각한다. 아무쪼록 이 글이 창세기 12:1~3의 이해뿐 아니라 구약성경에 나타난 하나님의 구원 계획을 보다 광범위하게 연구하려는 이들에게 조금이나마 밑거름이 되기를 바라마지 않으며 로저스(C. L. Rogers)의 말을 인용함으로써 끝을 맺고자 한다.

이 언약이 이스라엘의 역사에 기초하기 때문에, 그리고 하나님께서 민족을 다루시는 데에 있어서 주된 역할을 하시기 때문에, 그 중요성은 아무리 강조해도 지나치다 할 수 없다. 이러한 사실을 감안할 때에 우리의 신학적 용어들과 체계들 중 많은 부분이 다시 한번 이러한 견해에서 고려되어야 할 것이다.[93]

주

1) 골딩게이는 창 11:27~32이 그 자체의 본질적 관심사보다는 다음 장들의 배경으로 기록되었다고 생각한다. 그는 창 12:1에서 "now"를 강조할 수는 없다고 본다. 그 접속사를 다만 바벨탑 이야기 이후에 여호와께서 이제 최초로 말씀하신다는 시점(moment)으로 이해한다면 "now"도 가능하다고 그는 생각한다. John Goldingay, "The Patriarchs in Scripture and History," *Essays on the Patriarchal Narratives*, eds. A. R. Millard and D. J. Wiseman (Leicester: IVP Press, 1980), p. 12.

2) *Das erste Buch der Tora. Genesis*, Übersetzt und Erklärt von B. Jacob (Berlin: Schocken/N.Y.: Ktav Pub. House, 1934), p. 333.

3) G. Ch. Aalders, *Genesis*, Vol. 1, pp. 260~261. 그리고 유대인 주석가 이븐 에즈라(Ibn Ezra)의 견해는 *The Soncino Chumash*, p. 60을 참조하라.

4) J. Barton Payne, *An Outline of Hebrew History* (Grand Rapids : Baker Book House, 1954), p. 36을 참조하라. 행 7:4에서 아브라함이 하란에 거하다가 그의 아버지가 별세한 후 가나안으로 떠났다는 문제에 대해서는 Henry M. Morris, *The Genesis Record. A Scientific and Devotional Commentary on the Book of Beginnings*, pp. 288~290을 참조하라.

5) Benno Jacob, *Das erste Buch der Torah. Genesis*, p. 332를 참조하라.

6) D. Kidner, *Genesis: An Introduction and Commentary*, TOTC (1967) p. 113, n.1.

7) G. Vos, *Biblical Theology: Old and New Testament*, p. 80.

8) J. Muilenburg, "Abraham and the Nations," *Int* 19 (1965): 390.

9) N. Habel, "The Form and Significance of the Call Narratives," *ZAW* 77 (1965): 297 이하와 G. von Rad, *Old Testament Theology*, Vol. II, trans. D. M. G. Stalker (N.Y.: Harper & Row, 1965), pp. 54 이하를 참조하라. 구약성경에서 이렇게 소명의 목적을 알지 못하고 순종한 예로서 사 8:1~4; 렘 13장과 욘 3:1~3을 제시하는 Th. C. Vriezen, "Bemerkungen zu Genesis 12: 10~7," ···, p. 380을 참조하라.

10) G. Vos, *Biblical Theology: Old and New Testaments*, pp. 76ff.

11) J. A. Alexander, *The Prophecies of Isaiah* (Grand Rapids: Zondervan Pub. House, 1846, repr. 1974), p. 469. 캔들리쉬도 그의 주석에서 같은 표현을 사용하였다. R. S. Candlish, *Studies in Genesis. Expository Messages* (Grand Rapids: Kregel Publications, 1868, repr. 1979), p. 186.

12) I. W. Slotki, *Isaiah*, SBB (London: Soncino Press, 1949). 그러나 희년서(11~12장)에 이 사실을 언급하지 않은 것으로 보아 그 저자가 여기에 대해 모르고 있는 듯하다(R. H. Charles, *The Apocrypha and Pseudepigrapha* …, Vol. II, p. 30을 참조하라). 그리고 탈굼이 창 11:18에 대해 언급하면서, 아브람이 우상숭배 문제로 님롯과 벌인 대결에서 승리를 거두었다는 내용은 J. Bauker, *The Targums and Rabbinic Literature. An Introduction* …, pp. 187~189를 참조하라. 나흐마니데스(Nachmanides)도 창 15:7의 "이끌어낸다"는 말씀을 동일한 맥락에서 이적적인 구출로 이해한다(*The Soncino Chumash*, p. 72).

13) C. F. Keil, *The Pentateuch*, p. 181.

14) *David Kimḥi's Hebrew Grammar* (Mikhlol), Systematically Presented and Critically Annotated by W. Chomsky (N. Y.: Dropsie College & Bloch Pub. Co., 1952), § 85 n. 이것이 사건의 중요성을 강조하기 위한 용법이라는 견해에 대해서는 GKC, §119 s를 참조하라. 역시 Th. C. Vriezen, "Bemerkungen zu Genesis 12:1-7," 384: "er den Charakter des Befehls verdeutlich und die Dringlichkeit des auftrags dem Angeredeten einscharfen soll." Carl Brockelmann, *Hebräischer Syntax* (Neukirchen, 1956), §107 f.

15) "a rule of prepositional override"라는 생략법에 관해서는 M. O'Conner, *Hebrew Verse Syntax* (Winona Lake, Ind.: Eisenbrauns, 1980). p. 310을 참조하라. "Zieh fort aus deinem Land, aus deiner Verwandtschaft und aus deinem Vaterhaus …," W. Buhlmann, K. Scherer, *Stilfiguren* (1973), p. 59.

16) GKC, §58 i.

17) O. T. Allis, *God Spake by Moses* (Phillipsburg, N. J.: PRP, 1951), p. 31 이하를 참조하라. 앨리스는 여기에서 주로 아브라함을 중심으로 다루고 있기 때문에 "씨"에 관한 약속을 말하면서도 창 3:15를 언급하지 않은 것으로

이해된다. 그러나 카이저는 창세기의 약속의 신학을 다룰 때에 원복음을 빠뜨리지 않고 다음의 세 가지로 제시한다. 첫째, "씨"(창 3:15; 12:3,7 ……); 둘째, "땅"(12:1,7 ……); 셋째, 족장이 은혜를 입어 모든 백성이 복 받을 것(12:3 ……). W. C. Kaiser, Jr., *The Uses of the Old Testament in the New* (Chicago: Moody Press, 1985), p. 154.

18) 흥미롭게도 느 9:7의 "이름을 주시고"를 TEV는 "changed his name"으로 번역하였다. 아브라함의 이름에 관해서는 D. J. Wiseman, "Abraham reassessed," *Essays on the Patriarchal Narratives*, pp. 153~154를 참조하라.

19) E. A. Speiser, "'People' and 'Nation' of Israel," *JBL* 78 (1960): 153~163.

20) R. de Vaux, *The Early History of Israel*, trans. D. Smith (Phila.: Westminster Press, 1978), pp. 153~155를 참조하라.

21) G. W. Anderson, "Israel: Amphictyony: ʿAM; KAHAL; EDAH," *Translating & Understanding the Old Testament, Essays in Honor of H. G. May*, eds. H. T. Frank & W. L. Reed (Nashville & N. Y.: Abingdon Press, 1970), p. 150.

22) R. E. Clements, "גּוֹי," *TDOT*, Vol. II (Grand Rapids: Eerdmans Pub. Co., 1975), pp. 426~429.

23) BDB, p. 156.

24) 김성수, "구약의 하나님 나라," 「신학정론」 제 11권 2호 (1993): 320~338 을 참조하라.

25) W. J. Dumbrell, *Covenant and Creation: A Theology of Old Testament Covenant* (Nashville: Thomas Nelson Publishers, 1984), pp. 66~67.

26) 본문과 땅의 약속 간의 관계에 대해서는 그 약속이 포함되었다는 견해(R. E. Clements), 단지 이차적으로 그렇다는 견해(W. Zimmerli), 그리고 표현되지 않았다는 견해(B. Jeyaraj, L. A. Turner) 등이 있다(L. A. Turner의 Sheffield 대학 학위 논문 *Announcements of Plot in Genesis* [London: The British Library, 1988], pp. 39~40). 땅의 약속 문제 자체에 대해서는 터너의 pp. 75~83 그리고 월터 C. 카이저, 『새롭게 본 구약』 김의원 옮김 (서울: 엠마오), pp. 55~70을 참조하라. 이 문제도 구약성경에 나타난 여러 다른 주제들과 마찬가지로 점진적 계시에 의해 점차적으로 전개되었다고 보아야

할 것이다.

27) P. Paul Joüon, *Grammaire de L'hébreu biblique* (Rome: Institut Bilique Pontifical, 1923) § 116 b A) 1). C. Blockelmann, *Hebräischer Syntax* (Neukirchen, 1956) § 107 I γ.

28) GKC, § 110 i.

29) *BHS*의 각주에는 사마리아역이 יחיה이으로 본문에서도 וְיִהְיֶה로 수정해야 할 것으로 제안한다. 이러한 수정안과 동일한 궁켈(H. Gunkel, *Genesis* [₃1922], p. 164)의 "and it shall become a word of blessing"이라는 번역은 잘못되었다고 볼프가 지적한 바 있다(H. W. Wolff, "The Kerygma of the Yahwist," *Int* 20 (Edinburgh: T. & T. Clark, 1966): 137, n. 28).

30) J. Skinner, *A Critical and Exegetical Commentary on Genesis*, ICC (1930), p. 244.

31) C. Westermann, *Genesis 12-36. A Commentary*, p. 150.

32) J. Schreiner, "Segen für die Völker in der Verheissung an die Vater," *BZ* 6 (1962): 3. 시 138:2; 겔 36:23; 왕상 8:42; 시 99:3도 참조하라.

33) E. A. Speiser, *Genesis*, AB (N. Y.: Doubleday & Co., Inc., 1964), p. 85.

34) H. C. Leupold, *Exposition of Genesis*, Vol, I, pp. 412~413.

35) W. J. Dumbrell, *Covenant and Creation* ···, p. 65.

36) J. J. Mitchell, "Abraham's Understanding of the Lord's Covenant," *WTJ* 32 (1969): 35, n. 28. 창 17:1의 "너는 ······ 완전하라"('웨헤예 타밈')는 표현은 ZB의 "dan wirst du unstraflich sein"을 제외하고는, 고대 역본들을 위시하여 거의 모든 역본들이 명령형으로 이해한다. 베스터만은 여기에서도 명령형으로 이해하는 것이 옳다고 시인하였다(C. Westermann, *Genesis 12-36. A Commentary*, p. 259.

37) L. A. Turner, *Announcements of Plot in Genesis*, pp. 35~36. 여기에 열거한 여러 견해들을 참조하라.

38) "··· the long discussion about the translation of נִבְרְכוּ as it continues to sway now one way, now another ··· This constant change of direction

indicates an uncertainty which has not yet been overcome"(C. Westermann, *Genesis 12-36. A Commentary* ⋯, p. 151).

39) B. Albrektson, *History and the Gods* (Land, Sweden: C. W. K. Gleerup Fund, 1967), p. 79. 이 내용은 W. C. Kaiser, Jr., *Toward an Old Testament Theology*, p. 29에서 참조하였다. 그가 말하는 수동형의 해석을 주장하는 학자들은 O. Procksch, S. R. Driver, U. Cassuto, G. von Rad, H. W. Wolff이다. 터너는 다음 학자들을 여기에도 포함시킨다. D. Kidner, H. C. Chew, J. Shreiner, R. Martin-Achard, G. Wehmeier, W. J. Dumbrell (L. A. Turner, *Announcements of Plot in Genesis*, pp. 189~190).

40) W. C. Kaiser, Jr., *Toward an Old Testament Theology*, p. 30.

41) N. M. Sarna, *Genesis*, JPSTC (Phila.: JPS, 1989), p. 358.

42) D. H. Odendaal, *The Eschatological Expectation of Isaiah 40-66 with Special Reference to Israel and the Nations*, ILPT, BTS (PRP, 1970), p. 187, n.2.

43) 희년서 12:23 "And in Thee shall all families of the earth be blessed" (R. H. Charles, *The Apocrypha and Pseudepigrapha*, Vol. II, p. 32).

44) E. A. Speiser, *Genesis*, p. 86.

45) 라쉬(Rashi)가 이 해석의 선두주자라고 할 수 있다. *The Soncino Chumash*, p. 60과 람밤(Rabbi Moshe ben Nahman)의 유사한 해석은 *מִקְרָאוֹת גְּדוֹלוֹת*, Vol. 1 (New York: Pardes Pub. House, 1951)의 창 12:3 주해를 참조하라.

46) J. Skinner, *A Critical and Exegetical Commentary on Genesis*, p. 244.

47) D. Patrick, "Election," *ABD*, Vol. 2(N. Y.: Doubleday & Co., Inc., 1992), pp. 436~437.

48) "So the ancient mind expressed its admiration of a man's prosperity"(H. Gunkel). J. Skinner, *A Critical and Exegetical Commentary on Genesis*, p. 245에서 인용하였다.

49) ZB는 창 12:2("⋯ dich segnen und deinen Namen berühmt machen, dass er zum Segensworte wirt.")와 3절("und mit deinem Namen werden

sich Segen wünschen alle Geschlechter der Erde.") 그리고 나머지 네 구절도 모두 "sich segnen wünshchen"으로 번역하였다. 역시 NEB의 "shall/will pray to be blessed as … are blessed"나 REB의 "will wish to be blessed as … are blessed"도 그러하다. Tanakh는 "And you will be a blessing"으로 번역하고 주를 다음과 같이 달았다. "I.e. a standard by which blessing is invoked …" 루프레흐트도 유사한 견해를 취한다. "'du sollst ein Segen sein,' ist eine Folge des 'grossen Namens', nämlich ein Beispiel in Segenswünschen zu werden: Gott mache dich wie …!" E. Ruprecht, "Vorgegebene Tradition und Theologische Gestaltung in Genesis XII 1-3," *VT* 29 (1979): 180.

50) W. R. Bowie, (*Exposition of*) *The Book of Genesis*, IB, Vol. 1 (N. Y.: Abingdon Press, 1952), p. 575.

51) "'bless themselves by thee', i.e. in blessing themselves will use thy name as a type of happiness, wish for themselves the blessings." S. R. Driver, *The Book of Genesis*, WC (New York: Oxford University Press, 1904), p. 145.

52) G. Wehmeier, "The Theme 'Blessing for the Nations' in the Promises to the Patriarchs and in Prophetical Literature," *BTF* 6 (1974): 10~11. 그는 창 22:18("이는 네가 나의 말을 준행하였음이니라")과 26:5에 아브라함의 순종이 첨가되었는데, 이러한 표현들이 신명기 학파의 특징을 나타낸다고 주장한다.

53) H. H. Rowley, *The Missionary Message of the Old Testament* (London: Carey Press, 1944), p. 26.

54) O. T. Allis, "The Blessing of Abraham," *PTR* 25 (1927): 298. 역시 266~268을 참조하라.

55) LXX은 창 12:3을 '에세 에우로게메노스'로 번역하였고 나머지 다섯 구절은 모두 '에네우로게데손타이'로 번역하였다.

56) V는 창 18:18만 "benedicendis sint"로, 그리고 나머지 구절들에서는 모두 "benedicendis"로 번역하였다.

57) T에서는 모두 יִתְבָּרְכוּן으로 번역되었다

58) SR의 창 22:18과 26:4의 "네 후손에 의해 복 받아라"를 수동형으로 보고 다섯 구절 모두 수동형으로 번역하였다.

59) 홍미 있게도 RSV의 개정판인 NRSV는 전좌와 정반대로 창 12:3; 18:18; 28:14에서 텍스트에는 수동형으로 그리고 각주에는 재귀형으로 번역하였다. 창 22:18과 26:4의 "shall … gain blessing for themselves"는 재귀형으로 간주하는 것이 옳을 것이다.

60) NEB의 "shall/will pray to be blessed as … is/are blessed"도 재귀형으로 간주하였다. 공동번역은 창 18:18의 "서로 복을 빌 것이다"(재귀형)를 제외하고 모두 "덕을 입을 것이다"(수동형)로 번역하였다.

61) O. T. Allis, "The Blessing of Abraham,": 282~283.

62) C. von Orelli, *The Old Testament Prophecy of the Consummation of God's Kingdom Traced in Its Historical Development*, trans. J. J. Banks (Edinburgh: T. & T. Clark, 1889), pp. 107~108. 이 내용은 W. C. Kaiser, Jr., *Toward an Old Testament Theology*, pp. 31~32에서 인용하였다.

63) "… to the fact that the nations would desire the blessing promised to them in Abraham and his seed"(C. F. Keil, *The Pentateuch*, p. 195).

64) H. C. Leupold, *Exposition of Genesis*, Vol. I, p. 414.

65) W. J. Dumbrell, *Covenant and Theology* …, p. 71. 이것은 슈라이너의 "(für) sich Segen erwerben/ sich Segen verschaffen"과 유사하다(J. Schreiner, "Segen für die Volker in der Verheissung an die Vater,": 7).

66) Th. E. McComisky, *The Covenants of Promise* …, p. 57. 매코미스키는 신 29:19[18]('히트바레크 비레바보,' "스스로 위로하여," 개역성경)을 근거로 해서 '히트파엘' 형이 복에 대한 소원뿐 아니라 그것을 실제로 얻는 것도 암시할 수 있다고 하였다(p. 56). 그러나 이러한 문법적 구조가 복을 약속하는 면을 부인하는 것으로 이해할 필요는 없다고 그는 덧붙였다.

67) GKC, § 54, g에서 재귀형을 수동형으로 해석하는 예로 잠 31:30("찬양을 받을 것이라," 개역성경)과 전 8:10("they were forgotten," KJV)을 든다.

68) C. F. Keil, *The Pentateuch*, p. 193. 폰 라드도 동사 '아라르'는 하나님께서 내리시는 저주를 뜻한다고 이해한다(G. von Rad, *Deuteronomy. A Commentary*, OTL(Phila.: Westminster Press, 1966), p. 167.

69) G. W. Coats, "The Curse in God's Blessing," *Die Botschaft und die Boten, Festschrift für H. W. Wolff zum 70. Geburtstag*, hrsg. von J. Jeremias u. L. Perlitt (Neukirchen-Vluyn: Neukirchen, 1981), pp. 32~33. 그리고 E. A. Speiser, "An Angelic 'Curse': Exodus 14:20," *JAOS* 80 (1960): 198~200을 참조하라. '칼랄'과 '아라르'와 같이 '칼라'(קָלָה)와 '아라르'도 신 27:16에서 함께 사용되는데, BHS의 비판적 각주는 여기의 '미클레'(מְקַלֶה)를 출 21:17 그리고 두 사본과 함께 '메칼렐'(מְקַלֵל)로 수정할 것을 제안한다. 그러나 '칼라' II가 '칼랄'과 평행법으로 이해될 수 있기 때문에 그러한 수정은 불필요하다고 본다. E. König, *Hebräisches und aramäisches Wörterbuch zum Alten Testament* (Leipzig: Dieterich'sche, Verl., 1922), p. 409. 벨폰테인에 의하면 '칼라'는 "저주하다"('칼랄,' 출 21:17)와 "때리다"('나카'의 '히필' 형, 출 21:15)라는 더 구체적인 용어들보다는 광범위하여 부모의 권위를 인정하지 않는 행동까지 내포한다고 생각한다. E. Bellefontaine, "The Curse of Deuteronomy 27: Their Relationship to the Prohibitives," *A Song of Power and the Power of Song, Essays on the Book of Deuteronomy*, ed. D. L. Christensen, SBTS, Vol. 3 (Winona Lake, Ind.: Eisenbrauns, 1993), p. 261. KB2는 '아라르'를 "bind with a curse"로, 그리고 '칼랄'을 "qualify as cursed"로 구별하였다(p. 89). KB3은 '칼랄'이 deklarativ, faktitiv라고 소개하였고(p. 1031), 출 22:27의 '아라르'와 '칼랄'의 평행법적 용례도 소개하였다(p. 88).

70) H. W. Wolff, "The Kerygma of the Yahwist,": 144.

71) J. J. Mitchell, "Abraham's Understanding of the Lord's Covenant,": 35, n. 27.

72) 루프레흐트는 본문의 축복의 중요성과 또 원문에서 "너를 저주하는 자"의 위치가 도치된 것에 착안하여 다음과 같이 번역하였다. "Segnen will ich, die dich segnen, und wer dich schmäht, den will ich verfluchen." E. Ruprecht, "Vergegebene Tradition und Theologische Gestaltung in Genesis XII 1-3,": 181. 이것은 볼프의 번역과 같다. "··· But whoever despises

you, him will I curse"(H. W. Wolff, "The Kerygma of the Yahwist,": 143).

73) G. Wehmeier, "The Theme 'Blessing for the Nations' in the Promises to the Patriarchs and in Prophetical Literature,": 5를 참조하라. T와 몇몇 사본들 그리고 사마리아 오경, LXX, S, V는 3b도 복수로 취급하였다. 따라서 BHS의 비평적 각주는 이것들과 함께 '우메칼르레카'(וּמְקַלֶּלְךָ)로 읽으라고 제안 한다. 스키너는 이 복수형이 더 바람직하다는 입장을 취한다(J. Skinner, *A Critical and Exegetical Commentary on Genesis*, p. 244).

74) P. D. Miller, Jr., "Syntax and Theology in Genesis XII 3a,": 474~475.

75) H. W. Wolff, "The Kerygma of the Yahwist,": 139,144.

76) 필자의 졸고, "창세기 3:15에 나타난 원복음," 「성경과 신학」, 한국복음 주의신학회 논문집 제4권 (서울: 한국복음주의신학회, 1987): 50~80. 역시 『구약 신학과 신앙』, 구약신학 논문선 1 (서울: 도서출판 엠마오, 1994), pp. 7~36을 참조하라.

77) Th. E. McComisky, *The Covenants of Promise* …, p. 16.

78) W. C. Kaiser, Jr., "The Old Promise and the New Covenant: Jeremiah 31:31-34," *JETS* 15 (1972): 12.

79) 아브라함의 소명을 창세기 3~11장의 죄가 확산되는 인간 딜레마에 대한 하나님의 구속적 응답이라는 견지에서 다룬 W. J. Dumbrell, *Covenant and Creation* …, pp. 55~64를 참조하라.

80) H. W. Wolff, "The Kerygma of the Yahwist,": 133~136,145. J. Muilenberg, "Abraham and the Nations,": 390,393. G. von Rad, *Genesis A Commentary*, OTL (Phila.: Westminster Press, 1961), pp. 159~160. Th. C. Vriezen, "Bemerkungen zu Genesis 12:1-7,": 385와 특히 p. 389의 "Wir erkennen in dem Werk dieses Autors eher eine Tractatus theologico-politicus denn eine prophetisch stilisierte Schrift der politischen Propaganda." 역시 R. W. Klein, "The Yahwist Looks at Abraham," *CTM* 45 (1974): 특히 41~48을 참조하라. 그들이 말하는 원역사는 '야위스트'의 네 개의 주요 에피소드라는 '낙원'(창 2:4b~3:24), '두 형제 가인과 아벨'(4:1~16), '우주적 홍수'(6:9~9:17) 그리고 '바벨탑'(11:1~9)에 관한 이야기들을 가리킨다. 그리고 창 12:1~7에서의 모티브들은 '땅의 전승'(2,5b,6,7), '민족을 이룸'(2절 이하, 7), '언약사상'(3a),

'선택'(3b)을 가리킨다. 그러나 아브라함과 맺은 언약에 나타난 핵심 그 자체는 오래된 것으로서 주전 12세기까지 거슬러 올라갈 수 있을 것이라는 J. Bright, *Covenant and Promise* (Phila.: Westminster Press, 1976), p. 26, n. 15를 참조하라.

81) 드라이버는 말하기를 만일 이 번역이 옳다면, 본문은 후에 선지자들에 의해 충실하게 발전된 주요 교리 즉, 아브라함과 그의 후손들이 누린 종교적 특권이 이방인들에게 확대된다는 그 교리의 이른 국면이 나타난다는 것이라고 하였다(S. R. Driver, *The Book of Genesis*, p. 145).

82) W. J. Dumbrell, *Covenant and Creation* …, p. 71을 참조하라. 야르친도 이 전치사를 "by"로 이해한다(W. Yarchin, "Imperative and Promise in Genesis 12:1-3," *SBT* 10 (1980): 172,177, n. 41, 역시 164,171).

83) O. T. Allis, "The Blessing of Abraham,": 294~295를 참조하라.

84) G. Wehmeier, "The Theme 'Blessing for the Nations' in the Promises to the Patriarchs and in Prophetical Literature,": 3, n. 5. 역시 루프레흐트의 다음과 같은 견해를 참조하라. "berakah nicht als 'Segensformel', sondern als 'Segenskraft' zu verstehen: 'Du sollst der verkörperte Segen sein', d.h. von Abraham sollen Segenskrafte ausgehen, er soll eine Quelle des Segens sein"(E. Ruprecht, "Vorgegebene Tradition und Theologische Gestaltung in Genesis XII 1-3,": 180).

85) C. F. Keil, *The Pentateuch*, p. 193.

86) Benjamin B. Warfield, "Abraham The Father of the Faithful," *Selected Shorter Writings*, Vol. 2, ed. John E. Meeter (Philipsburg, NJ.: PRP Co., 1973), p. 687. 뵐(De Liagre Böhl)은 아브라함에 대해 다음과 같이 평가한다. "… an der Spitze einer kleine Kultgemeinschaft," "Vertreter eiener religiösen Bewegung," "Begründer und Vorgänger einer spiritualistischmono-theistischen Bewegung." 또한 그를 이흐나톤 (Ichnaton)이나 마호메트와도 비교하였다(Th. C. Vriezen, "Bemerkungen zu Genesis 12:1-7,": 390에서 인용하였다).

87) NIV의 번역도 그러하다.

"For I have chosen him, so that he will direct his children and his household after him to keep the way of the LORD by doing what is right and just, so that the LORD will bring about for Abraham what he has promised('디베르') him."

88) G. Ch. Aalders, *Genesis*, Vol. I, p. 270.

89) Ian D. K. Siggins, *Martin Luther's Doctrine of Christ* (New Haven & London: Yale Univ. Press, 1970), pp. 21~22를 참조하라.

90) J. Calvin, *Genesis*, p. 343.

91) 카이저는 구약신학의 중심 주제를 약속으로 보고 본문이 창세기 3:15과 함께 구약성경의 중심으로 이해한다. W. C. Kaiser, Jr., "The Center of Old Testament Theology: The Promise," *Themerios* 10 (1974): 1~10을 참조하라.

92) J. J. Mitchell, "Abraham's Understanding of the Lord's Covenant,": 45, n. 43.

93) C. L. Rogers, Jr. "The Covenant with Abraham and Its Historical Setting," *BSac* 127 (1970): 256. 역시 "아브라함의 언약과 그 역사적 배경," 『구약신학논문집』 (제9집), 윤영탁 역편 (수원: 합동신학대학원출판부, 1999), 53쪽을 참조하라.

찾아보기

저자

성구

주제

(ㄱ)

여호와께서 기억하시다(슥 1:1 이해)[1]

다리오(원문) 이년 팔월에 여호와의 말씀이 잇도의 손자 베레갸의 아들 선지자 스가랴에게 임하니라(슥 1:1).

스가랴서는 구약성경의 어느 책보다 메시아에 관한 중요한 예언 내용이 많이 수록되어 있다. 따라서 스가랴서는 구약예언의 진수(Luther)요, 특수성이나 중요성에서 이사야서에 버금가는 책(E. W. Hengstenberg)으로 신약성경에 자주 인용되었다.[2] 그러나 교부시대의 대표적인 주석가인 제롬(Jerome)을 위시하여 중세 유대인 주석가들 그리고 현대 서구 구약학자들은 본서가 구약성경 중에서 가장 이해하기 어려운 책으로 여겨온 것이 사실이다. 로빈슨(G. L. Robinson)의 다음의 고백은 과장이 아니다.

구약성경의 책들 중에서 스가랴서만큼 해석하기 힘든 책은 별로 없을 것이다. 스가랴서처럼 메시아적인 책도 드물다. 아바르바넬(Abarbanel)과 야르키(Jarchi) 같은 유대인 주석가들 그리고 제롬(Jerome)과 같은 기독교 주석가들은 그 책을 주석하기에 두 손 들었노라고 시인할 수밖에 없었다. 또한 그들은 본서를 검토할수록 한 미궁을 통과했는가 하면 또 다른 미궁 속으로 빠져들었고, 한 먹구름을 통과했는가 하면 또 다른 먹구름 속으로 빠져들었음을 시인할 수밖에 없었다. 이렇게 헤어나지 못하고 결국 그들은 그 선지자가 뜻 한 바를 알아내려다 실종되고야 만다. 스가랴의 비전의 범위와 그의 사상의 심오함은 가히 무비의 경지이다. 필자의 판단으로는 그의 책이 구약성경의 모든 책들 중에서 가장 메시아적이고, 가장 진정으로 묵시적이고 종말론적이다.3)

그렇기 때문에 본서가 별로 관심의 대상이 되지 못하고 대충 스쳐 지나게 되거나, 아니면 교회 생활에 불필요하고 전혀 유익이 없는 책으로 여겨지게 되지나 않을까 하는 우려의 목소리가 근자에 이르러서도 사라지지 않고 있다.4) 필자의 이 졸고가 스가랴서의 아주 작은 부분 곧 선지자 스가랴의 첫째 메시지의 서언을 다루는 데에 지나지 않지만 본서 이해에 일조가 되기를 바라는 바이다.

스가랴의 첫째 메시지의 서문인 1:1에는 몇 가지 특이성이 드러난다. ① 선지자 스가랴는 동역자 학개와 달리 자신의 둘째 메시지("11월 곧 스밧월 이십 사일," 슥 1:7)와 셋째 메시지("9월 곧 기슬래월 사일," 슥 7:1)에는 "월"이라는 바빌론 명칭이 나오나 본문에는 그것이 언급되지 않는다. ② 자신의 셋째 메시지(슥 7:1. 역시 학 1:1,15)와는 달리 "다리오" 다음에 "왕"이라는 칭호가 둘째 메시지(슥 1:7)처럼 여기에서도 생략되었다. ③ 본문에 "일"의 명시가 없다. ④ 스가랴의 둘째 메시지의 서언과 마찬가지로 그의 아버지 "베레갸"의 이름이 나타난다. ⑤ 원문에는 "선지자"가 "스가랴"보다는 "잇도"('벤·잇도 하나비')와 연결되어 있다. 필자는 이러한 특이성들 중에서 본문의 연대적 요소와 선지자 스가랴의 아버지 "베레갸"를 위주로 다루고자 한다.[5]

포로에서 귀환한 유다 백성들이 제2성전 재건의 대과업을 시작한지가 십여 년(주전 536년, 스 3:8)이 지났음에도 아직까지 그 일을 완수하지 못하고 있었다. 그때에 선지자 학개의 동역자인 스가랴가 여호와의 말씀을 받아 그의 첫째 메시지를 그들에게 전하였다(주전 520년). 이 때는 선지자 학개가 이미 첫째 메시지와 둘째 메시지를 전한 이후이다. 따라서 우리의 관심사인 스가랴 1:1은 학개의 두 메시지가 끝난 지 얼마 되지 않은 시점에서 스가랴가 처음으로 전한 여호와의 말씀의 서언 부분이다.

그 당시 유다 백성들에게 여호와께서는 모두 일곱 번의 메시지를 주셨는데 그 순서와 날짜는 다음과 같다.

	학 개	스가랴
첫째:	2년 6월 1일(학 1:1~15)	
둘째:	7월 21일(학 2:1~9)	
셋째:		다리오 2년 8월(슥 1:11~6)
넷째:	9월 24일(학 2:10~19)	
다섯째:	9월 24일(학 2:20~24)	
여섯째:		2년 11월 24일(슥 1:7~6:15)
일곱째:		4년 9월 4일(슥 7:1 이하)

이 메시지들은 거의 모두 년, 월, 일을 정확히 밝히고 있다. 이

연대를 보면 평범한 스타일인 년, 월, 일의 순서(학 1:1; 슥 7:1 등)가 있는가 하면 이와는 달리 일, 월, 년의 순서로 된 강조한 스타일(민 1:1; 스 6:15; 학 1:15; 2:10; 슥 1:7)도 있는데 스가랴 1:1이 여기에 속한다.[6] 그러나 유독 스가랴 1:1에는 "월"과 "년"만 있고 날짜를 나타내는 "일"은 없다. 이렇게 학개와 스가랴가 전한 일곱 메시지 중에서 유일하게 "일"이 빠진 본문에 학자들이 주목하지 않을 리 없다.

이에 대해 먼저 고려해야 할 것은 일반적으로 주장되는 견해이다. 즉, 본문의 '바호데쉬'("월에")라는 단어 자체에 월삭("new moon")을 나타내는 "초하루"가 내포되었다는 견해이다.[7] 이 견해를 따르는 시리아역(Syriac)이 "8월"을 "8월 1일"로 번역했다.[8] 스미스(R. Smith)는 "월"의 첫날이 경절일이었을 것이기 때문에 시리아역을 지지하는 듯하였으나 결국 이 견해를 포기한 것으로 보인다.[9] 그러나 이미 카일(C. F. Keil)이 자신의 출애굽기 주석에서 이에 대해 반론을 제기한 바가 있다. 그는 출애굽기 19:1의 주해에서 '호데쉬'가 월삭의 초하루를 나타내는 연대 자료로서는 사용되지 않으며, 만일 그렇게 사용할 경우에는 달의 "일"은 그 "달"이 명시된 후에 '에하드 라호데쉬'(לְחֹדֶשׁ אֶחָד)로 표현한다는 사실을 밝혔다. 그리고 그에 따르면 모세 오경도 '호데쉬'가 결코 초하루를 나타내지 않으며 월삭은 '베로쉐 호다쉼'(בְּרָאשֵׁי חָדְשִׁים, 민 10:10; 28:11)으로 표현된다.[10] 단수인 경우에는 출애굽기 12:2에서처럼 '로쉬 호다쉼'(רֹאשׁ חֳדָשִׁים)으로 나타난다. 카일은 출애굽기 19:1에서 '호데쉬'가 그 달의 "초하루"를 가리킬 경우에는 아래와 같이 나타낸다고 주장한다.

출애굽기 40:2 "정월 초 일일에"('베욤-하호데쉬 하리숀 베에하드 **라**호데쉬')

출애굽기 40:17 "정월 곧 그 달 초 일일에"('…… 바호데쉬 하리숀……
베에하드 **라**호데쉬)

창세기 8:5 "시월 곧 그 달 일일에"('하호데쉬 하아씨리, 바아씨리 베에하드
라호데쉬')

창세기 8:13 "정월 곧 그 달 일일에"('바리숀 베에하드 **라**호데쉬')

민수기 1:1 "이월 이일에"('베에하드 **라**호데쉬 하쉐니')

민수기 29:1 "그 달 초 일일에"('우바호데쉬 하쉐비이 베에하드 **라**호데쉬')

민수기 33:38 "오월 일일에"('바호데쉬 하하미쉬 베에하드 **라**호데쉬') 등.[11]

실제로 "월삭"을 나타낸 성구들은 아래와 같다.

'로쉬 (하)호데쉬'("달의 시작"[단수], 출 12:2; "월삭"[복수], 민 10:10과
28:11)

'호데쉬' 자체("월삭," 삼상 20:5,24) 혹은 '욤 호데쉬'("월삭," 겔 46:6)

'호데쉬'// '케쎄'("월삭"//"월망"["보름," 개역개정판], 시 81: 3[4])

'호데쉬'// '샤바트'("초하루, 월삭"//"안식일," 왕하 4:23; 대상 23:31;
대하 2:4[3]; 8:13; 31:3; 사 1:13; 66:23; 겔 45:17;
46:1,3; 호 2:11[13]; 암 8:5; 느 10:33[34]). 순서가
바뀌는 경우도 있다.

앞에서 본 바와 같이 '바호데쉬'로 시작할 경우 그 달의 날짜는 주로
'**라**호데쉬'("of the month")로 표현하는 것이 상례이다. 예외로는 민수기
10:11의 큰 마쏘라(Massorah magna 894)[12]가 제시하는 바와 같이
민수기 10:11 본문의 "이월 이십일에"('**베**호데쉬 하쉐니 베에쓰림 **바**호데쉬')

와 에스라 10:9의 "구월 이십일"('호데쉬 하테쉬이 **베**에쓰림 **바**호데쉬')이 여기에 속한다. 그나마 에스라 10:9에서는 약간의 중세 히브리 사본들이 '…… 베에쓰림 **라**호데쉬'로 수록하고 있다(참조. *BHS*의 비판적 각주). 릴리(J. Lilley) 역시, 전치사 '레'(ל of reference)가 주로 이 경우에 사용되며 '베'(ב)는 사용되지 않는다면서 예외로서 열왕기상 12:33의 "달 곧 팔월 십오일로"('바하미샤 아싸르 욤 **바**호데쉬 하쉐미니 **바**호데쉬')를 제시한다. 그런데 여기에서도 칠십인역은 이 두 번째로 사용된 '**바**호데쉬'를 '엔 테 헤올테' 즉, '베하그'(בֶּחָג, "경절에")로 번역하였다. 이러한 용례가 극히 예외라는 것을 염두에 둔다면 스가랴 1:1의 첫 단어 '**바**호데쉬'에 "초하루"가 내포되었다고 주장하기란 어려울 것으로 여겨진다.[13]

사실, 그 당시에 학개와 스가랴를 통해 전해진 본문 이외의 여섯 번의 메시지의 날짜들을 검토해도 알 수 있듯이, 여기에서는 연대적 요소의 어떤 공식도 도출할 수 없을 만큼 그 날짜들이 매우 다양하다(1일, 21일, 24일, 4일). 따라서 1:1 본문의 날짜가 반드시 "초하루"이었을 것이라고 가정할 아무런 근거도 없고 확률로 보아도 그 가능성이 희박하다고 하겠다. 만일 저자가 본문에서 첫 단어를 '**비**호데쉬'로 시작하여 "초하루"를 나타내려고 했다면 앞에서 살펴 본 바처럼 '**바**호데쉬 …… **베**에하드 **라**호데쉬'(בְּחֹדֶשׁ לְחֹדֶשׁ בְּאֶחָד … בַּחֹדֶשׁ)라고 했을 것으로 보인다. 여기에는 카일(Keil)이 제시한 성구들 이외에도 레위기 16:29의 "칠월 곧 그 달 십일에"('**바**호데쉬 하쉐비이 **베**아쏘르 **라**호데쉬'); 23:24의 "칠월 곧 그 달 일일로"('**바**호데쉬 하쉐비이 **베**에하드 **라**호데쉬') 그리고 민수기 33:3의 "정월 십오일에"('**바**호데쉬 하리숀 **바**하미샤[בַּחֲמִשָּׁה] 아싸르 욤 **라**호데쉬 하리숀’) 등도 포함시킬 수 있을 것이다. 결론적으로 말해서, 만일 저자가 “초하루”를 염두에 두었다고 가정하더라도 그 형식은 ‘바호데쉬’가 아닌 형식 곧 에스라 7:9에 유일하게 나타나는 ‘키 베에하드 라호데쉬’(“첫째 달 초하루에”)와 유사한 ‘베에하드 라호데쉬’이거나 느헤미야 8:2처럼 ‘베욤 에하드 라호데쉬’(“칠월 일일에”)이었을 것이라고나 할까! 여하간 이 첫째 견해는 지지를 받기가 어렵다고 여겨진다.

다음으로 고려할 견해는, 오래 전부터 구미 학자들이 주장해 온 바로서 본문에 “일”이 빠졌다는 것이다. 그러나 벨하우젠(J. Wellhausen)[14]이나 말티(K. Marti)[15] 역시 본문을 스가랴 1:7; 7:1과 비교해서 그 날짜가 누락된 듯하다고 추측할 뿐이다. 윈턴 토마스(Winton Thomas)는 아마도 1:1의 날짜가 처음에는 텍스트에 나타나 있었으나 전수과정에서 누락되었을 것이라고 가정한다.[16] 그러나 필사자들이 본문의 첫 단어를 간과하기 쉬웠을 것이라는 이러한 견해에 대해서 루폴드(H. C. Leupold)는 왜 원문의 첫 자라고 해서 다른 글자들보다 더 쉽게 간과할 수 있겠는가라고 하여 그 부당성을 지적했다.[17] 볼드윈(J. G. Baldwin)은 본문에 원래 날짜가 없었다고 보는 것이 가장 타당하며, 그것을 다른 메시지들의 날짜와 조화시키거나 짜맞추려하지 않고 생략된 대로 있는 그 자체가 히브리 텍스트의 진정성을 논증한다고 역설한다.[18] 만에 하나 원 텍스트에 날짜가 있었다고 가정해 보자. 그렇다면 그 날짜는 과연 어떤 형식으로 표현되었을 것인가? 1절에 날짜가 누락됐다는 이 견해는, 본문의 ‘바호데쉬’ 형식 그대로 받아들이는 한 더욱 난관에 부딪치게 된다. 그 이유는 첫째로, 앞에서도 언급한 바와 같이 구약성경에서는 '**라**호데쉬' 앞에는 "일"이 나타나는 반면에 '바호데쉬' 앞에는 나타나지 않는 것이 상례이기 때문이다. 둘째로, 유다 백성들에게 있어서 "월삭"인 "초하루"(민 28:11~15; 10:10; 시 81:3; 겔 46:3)는 너무나 중요한 날이어서 필사자들이 아무리 부주의했다고 해도 그 날짜를 빠뜨렸을 가능성은 거의 없었을 것으로 여겨지기 때문이다. 더군다나 그 날짜가 일, 월, 년인 강조형으로서 본문의 초두에 위치하였으니 그 단어를 간과한다는 것은 상상조차 하기 어렵다. 셋째로, 본문에서 필사자들이 간과했다고 하는 단어가 '베에하드' 하나뿐이었다고 가정해도 그러하지만, 그것이 두 단어인 '베욤 에하드'이었다고 할 경우에는 그 가능성이 더욱 희박하기 때문이다.

앞에 열거한 두 견해는 스가랴 1:1과 출애굽기 19:1을 연관지어 생각한다면 더 잘 이해가 될 것이다.

> 이스라엘 자손이 애굽 땅에서 나올 때부터 제 삼월 곧 그 때에 그들이 시내 광야에 이르니라(출 19:1).
> בַּחֹדֶשׁ הַשְּׁלִישִׁי לְצֵאת בְּנֵי־יִשְׂרָאֵל מֵאֶרֶץ מִצְרָיִם בַּיּוֹם הַזֶּה בָּאוּ מִדְבַּר סִינָי׃)

본문의 첫 차인 '바호데쉬'도 유대인들은 전통적으로 "초하루"를 의미하는 것으로 간주해(Rashi, Nachmanides, Sforno 등) 왔는데 일부 역본도 이에 동조하고 있다("On the third new moon," RSV, Tanakh, ESV; "On the first day," TEV, 공동번역; 표준새번역개정판; "Am ersten

Tag," 루터개정판). 여기에서도 스가랴 1:1에 대해 취했던 것과 유사한 주장들이 제기된 것을 보게 된다. 즉, 일부 학자들이 '바호데쉬' 앞에 날짜가 누락되었다고 주장한다는 것이다(S. R. Driver, B. Baentsch 등). 따라서 JB는 "Three months after they came out of the land of Egypt …[c] on that day"로 번역하고 나서 각주 c에 정확한 날짜가 표시되지 않았다고 덧붙였다(밑줄은 필자의 것임). Zürcher Bibel도 유사하게 번역하고("Im dritten Monat nach dem Auszug der Israeliten aus dem Lande Ägypten[1]") 각주 1에는 본문에 정확한 날짜가 누락된 것으로 보인다고 하였다. 유대인들은 이것을 "초하루"로 해석함으로써 이 날을 초막절에 토라(Torah)가 주어졌다는 사건과 애써 연결시키려고 한다. 카쑤토(U. Cassuto) 역시 본문과 초막절의 이러한 연결을 후대 전통으로 인정하면서도 비록 성경에는 분명하게 이 사실이 언급되지 않았으나 본문이 이러한 전통을 함축적으로 시사한다고 주장한다.[19] 어떤 이들은 출애굽기 19:1 하반절의 '바욤 하제'가 그 날짜를 지지하는 것으로 이해한다.[20] 이 표현을 삽입으로 간주하고 NEB처럼 삭제하는 극단적 견해도 있다. 그러나 덜함(J. I. Durham)은 '바욤 하제'라는 이 표현을 "모세가 하나님 앞에 올라가니 여호와께서 산에서 그를 불러 가라사대 너는 이같이 야곱 족속에게 이르고 이스라엘 자손에게 고하라"(출 19:3)라는 말씀을 근거로 하여 이해한다. 즉, '바욤 하제'가 모세 자신이 시내산에서 체험한 여호와 임재의 계시를 이스라엘 백성들이 체험하기를 원하는 그의 열망을 가리킨다고 한다.[21] 따라서 카일(Keil)이 결론을 내렸듯이 여기에서 '욤'은 창세기 2:4과 민수기 3:1에서처럼 일반적 의미의 "때"를 나타내는 것으로 이해하는 것이 바람직하다.[22] 그런 의미에서 개역성경이 출애굽기 19:1의 '바욤 하제'를 "그 때에"라고 번역한 것은 잘한 것이라고 하겠다. 여하간 출애굽기 19:1에서도 스가랴 1:1과 마찬가지로 텍스트가 분명하게 말하지 않음에도 불구하고 거기에 무리한 해석을 가하는 것은 지양해야 할 것이다.

이제 고려의 대상으로 남은 것은, 스가랴 1:1의 마쏘라 텍스트를 그대로 받아들여 1절에는 본래부터 "초하루"라는 날짜가 없었다고 이해하는 견해다. 사실, 이 견해를 지지하지 않는 밋첼(H. G. Mitchell)도 에스라 3:8; 7:8 등과 같이 의도적으로 날짜가 본문에 생략되었을 가능성을 배제하지 않았다.[23] 에스겔서에서도 때를 나타내는 열한 구절들(겔 1:2; 8:1; 20:1; 24:1,17; 30:20; 31:1; 32:1; 33:21; 40:1) 중에서 한 구절(겔 32:17)에 다만 "제 십이 년 어느 달('라호데쉬') 십오 일에"라고 했을 뿐 정확한 "월"이 명시되지 않았다. 이처럼 저자가 "일"이나 "월"을 나타내지 않는 경우가 있다. LXX은 에스겔 32:17에 "1월"('투 푸로투 메노스')을 첨가했는데 오늘의 3월에 해당한다. JB와 NRSV는 LXX을 따라 텍스트에 "1일"을 삽입(NETB는 주에 설명)했으나 C. F. Keil, J. B. Taylor, S. Fisch, L. C. Allen, Tanakh 등은 에스겔 32:1을 근거로 그 달을 12월이라고 주장한다. 그러나 짐멀리(Walther Zimmerli)는 이 문제를 미결로 남겨두어야 한다고 주장한다.[24] V, KJV, 루터역, 개역성경 등은 원문 그대로 번역했다. 우리의 관심사인 스가랴 1:1의 본문에 이렇게 "일"이 없는 이유로는 본서 저자의 특별한 의도(H. C. Leupold)가 있었다든지 혹은 그 날짜는 저자가 전하려는 특수한 내용과 관련이 있는 아무런 중요성도 지니고 있지 않기 때문이라고 설명할 수 있을 것이다(Keil-Delitzsch). 특히 참버스(T. W. Chambers)는 스가랴가 전한 이 메시지의 일반적이고 서론적인 성격 때문에 "월"의 정확한 날짜가 요구되지 않은 것으로 이해한다.[25] 여하간 스가랴 1:1의 강조점은 역시 본문의 주어인 "여호와의 말씀"('데바르 아도나이')이며 그 내용은 1:2~6에 수록되어 있다.

학개서와 스가랴서의 일곱 메시지에서 연대적 요소들을 철저하게 조절하고 조화시키려는 것이 저자들의 의도가 아니라는 사실은 볼드윈(J. G. Baldwin)과 노갈스키(J. Nogalski)[26]가 잘 지적한 바 있다. 그러므로 스가랴서의 첫째 메시지가 전해진 정확한 날짜를 알리려고 하지 않은 것이 저자의 의도이었다고 이해하는 것이 본문을 대하는 우리의 옳은 자세일 것이다. 그것을 알 만한 내적 외적 증거가 우리에게는 전혀 없다.

저자의 이러한 의도를 받아들이는 입장에서 필자는 스가랴 1:1의 연대적 요소를 아래와 같이 설명할 수 있다고 제안한다. 즉, 본문에 "월"과 "년"만 있고 "일"이 없는 '바호데쉬'가 나타나는 것은 히브리 연대적 요소를 표현하는 형식 중의 하나이기 때문에 그러하다고 보아야 한다는 것이다. 앞에서 언급한 바와 같이 본문은 년, 월, 일의 순서보다는 일, 월, 년의 순서로 표현하는 강세형이면서도 부사인 연대적 요소를 문장의 초두에 두는 강조형으로서 '바호데쉬'("in the month")라는 단어가 맨 앞에 나오는 문장구조이다. 이미 작은 마쏘라(Massorah parva, ם"ר f)가 가리킨 대로, 구약성경에는 문장의 초두를 이처럼 '바호데쉬'로 시작하는 성구들이 일곱이나 있다(Massorah magna 791).27) 이 성구들은 대체로 두 그룹으로 구분할 수 있다. 그 첫째 그룹에는 '바호데쉬'가 문장의 초두에 위치하면서 그 뒤에 "일"이 전혀 나타나지 않는 형식으로서 출애굽기 19:1; 에스더 3:7; 역대하 31:7과 함께 스가랴 1:1이 여기에 속한다. 두 번째 그룹에는 '바호데쉬' 뒤에 "일"이 나타나는 레위기 23:5('바호데쉬 …… 베아르바아 아싸르 **라**호데쉬'); 민수기 9:11('바호데쉬 …… 베아르바아 아싸르 욤') 그리고 예레미야 52:6('바호데쉬 …… 베티슈아 **라**호데쉬')이 있다.

구문론적으로 말할 때에, 부사구가 문장의 초두에 위치한 강조형 가운데에서도 이 일곱 구절들처럼 '바호데쉬'가 문장의 초두에 위치한 것은 저자가 특히 그 "월"에 역점을 두려는 의도가 있다고 하겠다. 위에 열거한 일곱 구절들에서 스가랴 1:1 본문이 포함된 첫째 그룹의 성구들(출 19:1; 에 3:7; 대하 31:7)을 대략 살펴보더라도 저자가 왜 그 "월"을 문장의 초두에 두어 강조했는지 쉽게 이해할 수 있다.

우선 출애굽기 19:1을 고려해보자. 그 달 "제3월"은 이스라엘의 성역사에서 너무나 중요하다고 하는 데에는 반론의 여지가 없을 것으로 안다. 카쑤토(U. Cassuto)는 본문이 '와예히'로 시작하지 않고 '바호데쉬'로 시작하는 것은 여기에서 전개될 일이 너무나 독특하고 중요하기 때문에 이전의 그 어떤 사건들과도 연결시킬 수 없으며, 또한 독자들로 하여금 그것들을 잊어버리고 여기에 집중하게 하려는 의도라고 강조한다.28) 물론 이러한 강조는 그 이전에 세운 언약들 그리고 그 이후의 언약들과 연관 선상에서 이루어져야 한다. 출애굽기 19:1의 "제삼월"은 출애굽한 이스라엘 백성들이 시내산에 도착한 달이다. 그들은 오랜 기간이 소요될 광야 길을 떠나기 전(민 10:11,12)까지 그곳에서 약 일 년을 머물면서 전 이스라엘 백성이 여호와와 '시내산 언약'을 세움으로써 여호와의 선민이 되는 동시에 의식법(儀式法), 재판법 그리고 도덕법을 받았다. 출애굽기를 크게 둘로 나누면 출애굽기 1~18장과 출애굽기 19~40장으로 구분할 수 있는데 출애굽기 19장은 이 둘째 부분의 첫 장에 해당한다. 그러므로 본문의 "제삼월"('바호데쉬 하쉐리쉬')은 이스라엘 민족의 성역사에서 중요한 달이 아닐 수 없다. 따라서 본문의 강조점은 "월"에 있기 때문에 '바욤 하제'는 "일"과는 무관한 "그 때"를 가리킨다.

그리고 에스더 3:7에도 "월"에 역점을 두었다고 본다.

아하수에로 왕 십이 년 정월 곧 니산 월에 무리가 하만 앞에서 날과 달에 대하여 부르 곧 제비를 뽑아 십이 월 곧 아달 월을 얻은지라(에 3:7).

본문의 "정월"('바호데쉬 하리숀')도 그 달에 하만이 유대인들을 학살하려고 음모를 꾸민 때이므로 페르시아에 있는 그들에게는 사활이 걸린 위기이었다. 이 사건에서 "십삼 일"이라는 세밀한 날짜는 나중에 12~13절에 가서야 밝혀졌다.

이에 그 조서를 역졸에게 부쳐 왕의 각 도에 보내니 십이 월 곧 아달 월 십삼 일 하루 동안에 모든 유다인을 노소나 어린 아이나

부녀를 무론하고 죽이고 도륙하고 진멸하고 또 그 재산을 탈취하라
하였고 …… 역졸이 왕의 명을 받들어 급히 나가매 그 조서가 도성
수산에도 반포되니 왕은 하만과 함께 앉아 마시되 수산성은 어지럽더
라(13,14절).

그런데 하만이 제비를 뽑았을 때에 "12월"(8:12과 9:1절에는 "십삼
일"이 명시됨)이 뽑혔다. 하만의 유대인 학살 계획이 11개월이나 지연되
는 이 달로 인해 유대인들이 위기에 대처할 시간적 여유를 충분히
갖게 된 것으로 본문은 시사한다. 여기에는 분명히 역사의 주권자이신
하나님의 섭리가 있었다. 그 결과 대세는 유대인들에게 유리한 쪽으로
반전된 것이 아니겠는가! 11개월이라는 기간에 주적(主敵)인 하만과
원수들은 제거되었고, 유대인들은 즐거움과 기쁨의 잔치를 베풀고
그 날을 경절로 삼았다. 반면에 본토 백성은 유대인들을 두려워하여
유대인이 되는 사람이 많았다고 에스더 8:17은 기록한다. 유대인들은
이 일을 기념하기 위해 십사 일과 십오 일을 부림절로 지켰다. 여기에서
도 저자의 의도는 어디까지나 "월"에 역점을 두려는 데 있었던 것이
분명하다.

역대하 31:7에서는 백성들이 여호와께 드린 예물들을 "3월('바호데쉬
하쉐리쉬')에 쌓기를 시작하여 7월에 마쳤다"고 한다. 이것은 히스기야
왕이 추진한 종교개혁의 위력을 보여주는 일면일 것이다. 자신의 재산
중에서 예물을 바치는 왕의 솔선수범으로 유다 백성 모두 뒤를 이어
기쁜 마음으로 예물을 차고 넘치도록 바쳤다는 것이다.

앞에서 살펴본 성구들에서 여실히 나타난 것처럼 이렇게 중요한

역사적 사건들을 저자가 진술함에서 대국적 견지에서 "월"만 거론하는 것은 극히 자연스럽다고 하지 않을 수 없다. 따라서 우리는 스가랴 1:1에서도 "일"을 밝히지 않는 것이 저자의 의도였다고 받아들인다.

스가랴 1:1에서 또 하나 다루어야 할 특이점은 본문 하반절에 선지자 스가랴의 아버지 "베레갸"('베레크야'. 역시 1:7절의 '벤-베레크야후')의 이름이 등장한다는 것이다. 우리는 이 문제를 어떻게 이해해야 하는가? 히브리 텍스트에는 '제카르야 벤-베레크야 벤-잇도 하나비'로 나타난다. 그런데 에스라서가 제시하는 바벨론에서 귀환한 가문들의 기록에는 다만 "잇도의 손자 스가랴"('제카르야 바르-잇도', 스 5:1; 6:14)라고 나타난다. 이러한 차이점에 대해 밋첼(H. G. Mitchell)은 스가랴 1:1과 에스라서의 이 성구들은 조화시킬 수 없으므로 '벤-베레크야'는 어떤 부주의한 필사자가 이 회복기의 선지자를 이사야 8:2의 "스가랴"와 동일시한 탓으로 볼 수밖에 없다고 주장한다.[29] 그러나 이것이 어느 부주의한 필사자의 조작에 의한 것으로 떠넘겨서 간단하게 해결될 문제는 아니므로 이 견해는 큰 호응을 얻지 못하고 있다.

볼드윈(J. G. Baldwin)은 이 문제에 관한 제 견해들을 아래와 같이 잘 정리하였다. 첫째로, 초대 교부시대의 일부 주석가들은 스가랴가 육적으로는 베레갸의 아들이었으나 영적으로는 잇도의 아들이었다는 견해이다. 즉, 베레갸가 잇도의 삶을 본받을 정도로 그로부터 영향을 크게 받았다고 한다(Jerome). 그러나 우리의 텍스트는 이와는 달리 삼대를 말하고 있다.

둘째로는 '베레갸의 아들'을 이사야 8:2의 '여베레기야'에 근거한 주석적 첨가로 취급하는 견해이다(H. G. Mitchell, P. R. Ackroyd, R. E. Higginson 등). 따라서 JB, NJB는 "the prophet Zechariah (son of Berechiah), the son of Iddo"라고 하여 "베레갸의 아들"을 괄호로 처리했다. 또 하나는 두 명의 스가랴가 있다고 가정해서 스가랴 1~8장은 '잇도의 아들 스가랴'의 것이고 9~14장은 '베레갸의 아들 스가랴'라는 아호를 지닌 익명의 선지자의 것인데 본문에 두 이름이 혼합되었다는 견해이다(E. Sellin, F. Horst, A. Petitjean). 이 견해를 따르는 윈튼 토마스(Winton Thomas)는 "베레갸의 아들"이 스가랴 1:1 원본의 일부가 아니었다고 가정하는 것이 가장 좋은 설명이라고 주장한다. 그 표현이 실제로 거기에 있었다면 에스라서에 그것이 빠졌을 리가 없다는 것이다. 이것은 본문과 이사야서의 스가랴를 동일시하려는 어떤 사람의 삽입이므로 이 표현을 제거함으로써 역사서의 "잇도의 아들"과 조화를 이룰 수 있다고 그는 주장한다.[30] 하지만 말티(K. Marti)는 이 견해들에 대해 다음과 같이 적절하게 답변을 하였다고 생각된다. 그는 느헤미야 12:16을 포함한 역사서가 잘 알려진 스가랴의 할아버지만 언급하고 그렇지 못한 그의 아버지의 이름을 빼버렸는지 의문스럽다고 하였다. 사실 베레갸의 이름이 에스라서에 없는 이유는 그가 별로 영향을 주지 못한 무명인사이었거나 아니면 그가 일찍 별세했다는 데에서 찾는 경우가 없지 않았다(C. F. Keil, E. W. Hengstenberg, M. F. Unger, H. C. Leupold, R. E. Higginson 등). 말티는 또한 그 중간 계보가 고의가 아닌 실수로 빠졌는지 혹은 이사야 8:2의 "여베레기야의 아들 스가랴"를 "잇도의 아들 스가랴"와 혼합시키거나 혼돈했는지는 우리가 정확히 알 수 없다(fraglich)고 고백하였다. 그러나 그는 느헤미야 12:16을 포함한 역사서까지도, 잘 알려진 스가랴의 할아버지만 언급하고 그렇지 못한 그의 아버지의 이름을 뺐는지는 의문스럽다고 주장함으로써 이 문제의 해결이 전혀 불가능한 것처럼 취급했다.[31]

세 번째로, 가장 적절한 견해로서 볼드윈은 본문의 기록을 그대로 받아들일 것을 주장한다. 환언하면 이것은 스가랴 1:1,7에서는 스가랴의 아버지와 할아버지의 이름을 모두 언급하나 에스라서에서는 더 잘 알려진 할아버지만 언급한 것이라고 이해하는 견해이다. 그는 이와 유사한 열왕기상 19:16의 "님시의 아들 예후"와 열왕기하 9:2,14의 "여호사밧의 아들 예후"를 그 예로 들고 있다(D. R. Jones, G. A. Smith, C. H. H. Wright).[32] 여기에서 부언할 것은 총독 스룹바벨과 대제사장 예수아(여호수아)를 따라 귀환한 사람들 가운데 언급된 느헤미야 12:4,16의 "잇도"와 스가랴 1:1의 "잇도"와의 관계 문제이다. 학자들의 의견은 대체로 이 둘을 동일시하거나(R. A. Bowman, M. Newman, P. W. Crannell 등), 별개의 인물(J. G. G. Norman, W. C. Kaiser Jr. 등)로 취급한다. 그러나 볼드윈은 이들을 같게 볼 충분한 증거가 없음으로 주의해서 결론을 내리도록 주문한다(역시 J. W. Wright 등).

이제 우리는 스가랴 1:1의 원문에 고유명사인 '스가랴'와 이를 수식하는 '선지자'라는 말의 위치가 너무도 특이한 문장구조에 대해 생각해 보도록 하자. 이 두 단어가 서로 밀착되어 있어야 함에도 불구하고 그 사이에 "베레갸의 아들, 잇도의 손자"가 끼어있는 것('제카르야……

하나비')은 분명히 저자의 어떤 의도가 들어있다. 우리가 우선 생각해야 할 것은, 에스라서가 족보를 기록함에 있어서 모든 대수를 하나도 빠짐없이 완전 수록하려는 데 그 목적이 있는 것이 아니었다는 점이다. 그래서 그는 에스라 5:1; 6:14에서도 구약 다른 곳의 족보 기록들과 마찬가지로 생략의 법칙을 사용한 것으로 보아야 할 것이다.[33] 우선 에스라 7:1~5과 역대기상 6:3~14을 비교해보아도 그 사실이 드러난다. 족보를 하향식으로 소개한 역대기상의 기록에서는 레위의 자손들을 언급하는 중에 3절에서 시작하여 아론부터 스라야까지 이십이 명의 이름이 수록된다("······를 낳았고"). 그러나 에스라 7:1~5에서는 이것을 상향식으로 다음과 같이 소개하였다.

> ······ 에스라라 하는 자가 있으니라 저는 스라야의 아들이요 아사랴의 손자요 힐기야의 증손이요 살룸의 현손이요 사독의 오대 손이요 아히둡의 육대 손이요 아마랴의 칠대 손이요 (3절) 아사랴의 팔대 손이요 므라욧의 구대 손이요 ······ (5절) 아론의 십육대 손이라(스 7:1~5).

이 두 족보들을 비교해보기 전에 역대기상 6:3~14의 족보만 보더라도 그곳에는 제사장 엘리(삼상 1:9; 14:3), 아비아달("아히둡의 아들 사독과 ······" 삼하 8:17), 제사장 여호야다(왕하 12:2), 제사장 우리야(왕하 16:10 이하), 그리고 제사장 아사랴(대하 26:17, "대제사장" 31:10)에 대한 언급이 없다. 에스라서의 족보(7:1~5)에는 역대기상에 수록된 므라욧과 아사랴 사이에 여섯 명의 이름 즉, 아마랴, 아히둡, 사독,

아히마아스, 아사랴, 요하난이 생략되었다.

역대기상 6:3~14(하향식)	에스라 7:1~5(상향식)
1. 아론	아론
2. 엘르아살	엘르아살
3. 비느하스	비느하스
4. 아비수아	아비수아
5. 북기	북기
6. 웃시	웃시
7. 스라히야	스아히야
8. 므라욧	므라욧
9. 아마랴	
10. 아히둡	
11. 사독	
12. 아히마아스	
13. 아사랴	
14. 요하난	
15. 아사랴	아사랴
16. 아마랴	아마랴
17. 아히둡	아히둡
18. 사독	사독
19. 살룸	살룸
20. 힐기야	힐기야
21. 아사랴	아사랴
22. 스라야	스라야
에스라	

그리고 개역성경은 에스라서의 족보에서 에스라를 "대제사장 아론의 십육대 손이라"고 번역함으로써 히브리 원문의 '벤'을 직계로 취급해 이 생략의 법칙을 고려하지 못한 격이 되었다. 공동번역은 "윗대"로 번역하였는데 이 번역 역시 바로 아랫대가 그 윗대의 직계라는 식으로 오해하게 할 여지가 있다. 대부분의 영어 역본들은 의역을 피하고 원문을 직역("the son of")하였다. 현대인의성경은 "…… 그의 조상을 세대 순으로 거슬러 올라가면 스라야, …… 그리고 대제사장 아론이었다"라고 하였는데 이것도 번역하기가 어려운 '벤'의 처리방법 중의 하나일 것이다.34)

그러나 스가랴서의 관점은 그와 다르다. 스가랴 1:1 본문에서는 그 당시의 두 메신저 가운데에서도 선지자 스가랴가 학개와는 달리 예레미야와 에스겔처럼 제사장 계통이라는 사실을 강조할 필요가 있었던 것이다. 그래서 여기에 특별히 그의 아버지의 이름 "베레갸"를 밝힌 것이라고 보아야 할 것이다. 본문 번역에서 KJV는 "Zechariah, the son of Berechiah, the son of Iddo the prophet"(역시 RSV)이라고 번역함으로써 다른 현대 역본들("the prophet Zechariah" -NEB, JB, NRSV, NIV, TEV; "Zechariah the prophet" -NASB)과는 달리 원문의 순서를 잘 드러냈다. 하나님께서는 당시의 유다 백성들에게 학개를 선지자로 택하실 뿐 아니라 제사장 계통인 스가랴도 선지자로 택하여 보내주시는 세심한 배려를 하심으로써 오래 방치된 제2성전 완공 사역을 백성으로 완수하게 하는 데 큰 도움이 되게 하셨다. 여호와께서는 각자에게 주신 독특한 달란트에 따라 학개에게는 네 번의 메시지를 그리고 스가랴에게는 세 번의 메시지를 전하게 하셨는데 이 계획이 실효를 거두었다.

그러면 제사장 계통의 선지자인 스가랴에게 여호와의 첫째 메시지의 첫 자를 '바호데쉬 하쉐미니'라고 한 이유는 무엇인가? 먼저 본문의 주어인 "여호와의 말씀"이 스가랴에게 "임하였다"라고 한 표현을 사용한 것은 주목할 만하다. 스가랴와 학개가 전한 일곱 메시지들에서 학개 2:1('하야 …… 베야드')35)만 제외하고 모두 "여호와의 말씀이 …… 임하니라"('하야 데바르-아도나이 엘-')라는 형식을 사용하였다. 이 관용구 '하야 …… 엘'은 창세기 15:1에서 아브람에게 처음 사용되었는데 가끔 왕들(솔로몬, 삼상 15:10; 이스라엘 왕 바아사, 왕상 16:7; 총독과 제사장, 학 1:1)에게 사용되기도 하나 주로 선지자들에게 사용된다.36) 그것은 예레미야서에도 적지 않게 나타나지만 에스겔서에 가장 많이 사용되었는데 메시지의 수신자를 언급할 때에 선지자의 이름보다는 1인칭 형식("나에게")으로 자주 나타난다.37) 스가랴서에는 "스가랴에게"(1:1,7; 7:1,8)와 "내게"(4:8; 6:9;7:4; 8:18)라는 형식이 거의 같은 비율로 나타난다. 이 관용구의 의미는 사사기 3:10에 여호와의 신이 옷니엘에게 임하셨다라고 하였을 때, 사무엘상 16:16, 23; 19:9에 하나님께서 부리신 악신이 사울에게 그리고 사무엘상 19:20~23에 하나님의 신이 사울의 전령들에게 임하였다고 하였을 때에 그 뜻이 잘 나타난다. 랫취(Theo. Laetsch)는 사무엘상 19:20의 '하야 …… 엘'을 "사로잡았다"로 이해한다. 그는 이 관용구가 여호와께서 선지자를 장악하시고 지배하심으로 그에게 말씀하신 바를 전하게 하며, 그에게 명령하신 바를 순종하게 하며,

바로 그 순종심을 실천에 옮기게 하도록 하신다는 의미로 사용되었다고 설명한다.[38]

　스가랴 1:1은 이렇게 여호와의 말씀이 선지자 스가랴에게 주권적으로 임한 것이 "8월" 곧 페르시아 왕 다리오의 통치 제2년이었다고 한다. 이 시기는 그의 동역자 학개가 이미 두 번째 메시지를 전한 지 얼마 되지 않는 때이다. 그 해의 "6월 1일"에 학개서의 주제라고 할 수 있는 "너희는 산에 올라가서 나무를 가져다가 전을 건축하라 그리하면 내가 그로 인하여 기뻐하고 또 영광을 얻으리라"는 말씀(학 1:8)을 학개로부터 전해들은 지도자들과 백성들은 하나님께 감동을 받아 그 달 24일에 오랫동안 방치했던 제2성전 건축공사를 재개하기에 이르렀다(학 1:15). 그러나 한 달도 못 되어 그들은 내우외환의 위기에 처한다. 솔로몬의 찬란한 제1성전을 목격한 연로한 분들이 당시 건축 중인 제2성전에 대하여 취한 부정적이고 회의적인 자세가 공동체의 사기를 떨어뜨리는 요인이 된 것이다.

> 너희 가운데에 남아 있는 자 중에서 이 성전의 이전 영광을 본 자가 누구냐 이제 이것이 너희에게 어떻게 보이느냐 이것이 너희 눈에 보잘것없지 아니하냐(학 2:3. 개역개정판. 역시 슥 4:10의 "작은 일의 날이라고 멸시하는 자가 누구냐 ……"를 참조).

　아마도 이들은 잠언 7:10의 말씀을 잊은 듯하다. "옛날이 오늘보다 나은 것이 어찜이냐 하지 말라 이렇게 묻는 것이 지혜가 아니니라." 게다가 설상가상으로 외적으로는 유프라테스 강 서편의 총독 닷드내와 스달보스내와 그들의 동료들이 그 동안 중단된 건축공사가 활발하게 재개되는 것을 저지하기 위해 다리오 왕에게 고발 조치하는 사건이 발생했다. 그래서 "7월 21일"에 그들에게 학개의 두 번째 메시지가 전해진 것이다.

 "이것이 너희 눈에 보잘것없지 아니하냐?" 그들의 "눈"(*'ayin*, עַיִן)에는 자신들이 지금 진행 중인 제2성전 재건공사가 보잘것없는 것(*'ayin*, אַיִן)으로 여겨졌을 뿐 아니라 "작은 일의 날이라고 멸시"(בַז, present characteristic perfect - Unger)하게 되었다. 반면에 그들에게 닥친 곤경은 "큰 산"('하르-하가돌', הַהַר הַגָּדוֹל, 슥 4:7) 다시 말하면 너무나 크게 비친 것이다. '하르'("산")에는 정관사가 없고 '하가돌'("큰")에만 있는 것으로 보아 이것은 형용사를 강조한 형식이 분명하다. 엉거(M. F. Unger)는 "O mountin, the *great* [one]"으로 번역했다.[39] 이렇게 하나님의 약속을 망각하는 동시에 자신들의 고귀한 사명을 저버린 그들의 안목은 불신앙과 불순종으로 하나님의 징계를 받은 선조들의 전례를 답습하는 우를 범하는 격이 된다.

 우리는 민수기 13~14장에서 여호와께서 모세로 하여금 각 지파 중에서 열두 명을 선발하여 가나안 땅이 어떠한가 보도록 하라('레이템', 민 13:18의 개역성경은 "탐지하라")고 지시하신 내용을 떠올리게 된다. 신명기 1:21~23에 따르면 그 때에 이스라엘 백성들에게 두려움과 주저함이 있었던 것으로 보인다(신 1:21b). 따라서 여호와께서 그들의 대표들을 선출하여 보내라는 지시를 하셨다.

사람을 보내어 내가 이스라엘 자손에게 주는 가나안 땅을 정탐하게
하되 그들의 조상의 가문 각 지파 중에서 지휘관된 자 한 사람씩
보내라(민 13:2).

그들은 평신도들이 아닌 열두 지파의 족장("지휘관", 개역개정판)이요
수령들(13:2,3)로서 지위나 인품 그 어느 면으로 보든지 그러한 특수
사역을 감당하기에 가장 적격자들로 인정을 받은 인물들이다.[40] 여호와
께서 모세에게 "사람들을 보내라"('쉘라흐-레카 아나쉼')라고 명령하셨는
데 "보내라"는 이 명령형에는 '레카'라는 여격이 첨가되었다. 이것은
동작을 나타내는 전치사 '레'에 2인칭 여격(ethical dative)이 첨가된
것으로서 그 사건의 중요성과 명령의 긴박성을 나타내기 위함이다.[41]
킴키(David Kimḥi)는 이것이 이 특별한 활동에 대하여 여호와께서
관심을 보이시는 것을 나타내는 용법이라고 설명한다.[42] 그런데 이
명령을 하시면서 그들이 정탐할 그 땅이 곧 "내가 이스라엘 자손에게
주는 땅"이라고 명시하셨다는 사실을 우리가 놓치면 안 될 것이다.
"내가 주는"('아니 노텐')이라는 말씀에서 "준다"라는 동사의 현재형이
사용되었다. 대다수의 역본들은 현재형("I am giving")으로 번역하고
있으나 NASB와 REB는 "내가 주려고 하는"("I am going to give")
땅이라고 번역하여 저자의 의도를 잘 드러낸 것으로 보인다. 이 표현을
크레이기(P. C. Craigie)처럼 "내가 바야흐로 주려고 하는"("I am about
to give")으로 옮긴다면 더 좋을 것이다(역시 신 1:25; 2:29; 3:20 등).[43]
그렇다면 여호와께서 모세에게 분부하신 말씀은 다름 아닌 족장들에게
약속하신 그 약속이 바야흐로 성취될 시점임을 시사하는 것이라고

백성들이 받아드려 감사한 마음으로 순종했어야 하지 않겠는가! 신명기 1:21("너희의 하나님 여호와께서 이 땅을 너희 앞에 두셨은즉 ……올라가서 차지하라 ……")에서도 모세는 여호와께서 그 땅을 그들에게 이미 주셨다고 하였다('나탄 아도나이'. LXX의 '파라데도켄', V, 루터역, NIV, NRSV, NJB). 이 땅을 너희 앞에 "두셨다"라는 번역("set," KJV, "has placed," NASB, NETB, 개역성경)도 그들이 그 땅을 임의로 차지하게 허용하였다는 뜻으로 이해할 수 있겠다("has placed the land at your disposal," Tanakh; "has laid the land open before you," REB).

따라서 가나안 땅을 "보라"("정탐하라", 개역개정판)는 주안점은 그 땅의 쾌적함과 비옥함이 그들에게 그 땅을 소유하게 하는 의욕이 생길 수 있도록 하는 데에 있었다는 칼빈의 해석은 옳다(Calvin).[44] 그러므로 모세가 그들에게 "담대하라"(민 13:20, '히트하자크템'. 참조. 삼하 10:12; 왕상 20:22; 대상 19:13)고 격려한 것은 매우 적절한 동시에 의미심장하다. 여호와께서는 특별히 엄선된 그들이 족장들의 관점에서 그 땅을 보기 원하셨다. 아브라함이 아직 자식이 없을 때, 아니 자식이 있을 가능성마저 전혀 없을 그 때에 여호와의 약속대로 언젠가는 그의 많은 후손들이 약속의 땅을 차지할 것을 확신한 그들의 족장처럼 말이다! 애굽의 노예 중 한 사람으로 있으면서도 여호와께서 선친에게 약속하신 그 땅에 먼저 들어가 출애굽 할 자손들을 기다리겠다고 자신을 막벨라 굴에 묻어달라고 간청했던 족장 야곱처럼 말이다! 그리고 이스라엘 백성들이 반드시 약속의 땅을 차지할 것이라고 확언하며 그들이 출애굽 시에 자신의 해골을 가지고 가서 그 땅에 묻어주겠다는 맹세를 받아낸 요셉처럼 말이다!

선민의 대표들로 선별된 그들은 이미 여호와께서 이스라엘에게 주시 겠다고 약속하신 땅을 돌아보고 돌아오는 길이었는데도 그들 중의 열 명은 그 땅에 대해 "당신이 우리를 보낸 땅"(민 13:27)이나 "그 탐지한 땅"(민 13:32)이라는 말투로 일관했다. 웬함(Wenham)이 잘 지적한 바와 같이 이것은 "내가 이스라엘에게 주는 가나안 땅"(민 13:2), "여호와가 이 백성에게 주기로 맹세한 땅"(민 14:16), "내가 그 조상들에게 맹세한 땅"(민 14:23), "내가 맹세하여 너희로 거하게 하리라 한 땅"(민 14: 30) 그리고 "여호와의 허락하신 곳"(민 14:40)이라 는 표현을 그들이 노골적으로 회피한 언사이다.[45] "그들은 우리보다 강하다"(31절), "거기서 본 모든 백성은 신장이 장대한 자들이다"(32 절), "네피림 후손 아낙 자손 대장부들을 보았나니('라이누') 우리는 스스로 보기에도('베에네누', 민 13:33) 메뚜기 같다"는 것 즉, 자신들은 외소한 반면에 그 땅의 백성들은 강하며 도시들은 견고하고 매우 크게 보였다는 것이다. 신명기 1:28("…… 그 백성은 우리보다 장대하며 그 성읍은 크고 성곽은 하늘에 닿았으며 우리가 또 거기서 아낙 자손을 보았노라 ……")에서도 그들은 계속 상대방에 대해 "크다"('가돌')는 말을 반복적으로 사용했는데 이것은 물론 그들의 불신앙적 관점이 자아낸 비극적 모습이었다. 민수기 13:31에서는 이런 지도자들의 불신 앙을 노출시키듯 "그 사람들"이라는 주어를 문장의 초두 곧 동사 앞에 놓아 도치시켰다('웨하아나쉼 …… 아므루'). 그들이 거기에서 아낙 자손을 보았다고 할 때에도 "거기"('샴')라는 부사를 문장의 초두에 놓아 그 땅을 혹평하는 자세가 뚜렷이 나타난다. 그리고 신명기 1:28에서는 "아낙 자손"이란 말도 동사 앞에 도치시켜 강조했다(28절. '웨감-엘리데 하아나크 라이누 샴'). 우리를 더욱 놀라게 하는 것은 그들이 "네피림 후손 아낙 자손 대장부들(원문은 '네필림', 개역개정판은 "거인들")을 보았다"는 것이다(33절). 이 용어 '네필림'은 구약에서 창세기 6:4에 처음이요 유일하게 사용되었다. 그런데 여호와의 진노로 홍수심판에 의해 비참하게 멸망한 노아 당시의 사람들에게 적용된 바로 그 용어를 그들이 이 때에 사용했다는 사실에 놀라움을 금할 수 없다. 그들은 포악한 자들(카일과 델리취)이요 거구로 인해 사람들의 마음이 공포로 무너져 내리게 하는 자들(이븐 에즈라)로 알려졌다. 선별된 지도자들이라는 그들이 이런 용어들을 입에 담았으니 그들의 관점은 알고도 남음이 있다. 그러나 여호수아와 갈렙의 눈에는 그 땅이 말할 수 없이 좋고(민 14:7, '토바 하아레쯔 메오드 메오드') 젖과 꿀이 흐르는 복지로 보였던 것이다. 더욱이 그곳 거주민들은 이스라엘의 "밥"('라흐메누 헴', 민 14:9)으로 밖에 여겨지지 않았다. 이 두 구절에서 술어부가 주어 앞에 도치되어 강조된 것은 그들이 새 세대를 이끌 영적 지도자로서의 자격을 갖춘 인물들이라는 것을 여실히 드러낸다고 하겠다. 하나님의 언약을 불신한 지도자들은 출애굽 한 구세대와 함께 광야의 이슬로 사라졌다. 그러나 하나님께서는 언약사상 중심적 안목을 가진 지도자 여호수아와 갈렙에게 새 세대를 맡겨 "큰 민족"(창 12:2)을 이룰 발판인 가나안 땅을 차지하게 하셨다. 이렇게 어떤 관점을 갖느냐 하는 문제는 사활이 걸린 문제이다.

사무엘상 17장에 수록된 이스라엘과 블레셋의 전투에서 보여준 소년 다윗과 이스라엘 백성들의 관점에서도 차이점이 잘 부각되었다.

이스라엘 모든 사람이 그 사람을 보고 심히 두려워하여 그 앞에서 도망하며 더러는 가로되 너희가 이 올라온 사람을 보았느냐 참으로 이스라엘을 모욕하려 왔도다 …… (삼상 17:24~25).

본문 24절의 주어인 "이스라엘 모든 사람"이 동사 앞에 위치하여 돋보이는데, 그들 모두 적장 골리앗이 살아 계신 여호와의 이름을 모욕하는 충격적 사실(10절. '아니 헤라프티', "I do taunt"46)에도 아랑곳 하지 않고 오히려 그의 외모만 보고 두려워 도망쳤다는 것이다. 25b에서 의문품사가 "보았느냐"('하레이템')에 붙은 것을 보아 그들의 관심의 초점이 어디에 있었는지 짐작하고도 남음이 있다. 그러나 소년 목동 다윗의 관점은 이들과 달랐다.

…… 여호와께서 나를 사자의 발톱과 곰의 발톱에서 건져내셨은즉 나를 이 블레셋 사람의 손에서도 건져 내시리이다 사울이 다윗에게 이르되 가라 여호와께서 너와 함께 계시기를 원하노라(37절).

"여호와께서 나를 …… 건져 내시리이다"('후 야찔레니')라는 소년 다윗의 발언은 3인칭 대명사를 동사 앞에 첨가하여 강조한 확신에 찬 발언이었다("The LORD …, He will deliver me," NASB, NKJV 역시 루터역). 이 말을 듣는 순간 사울의 마음을 성령께서 감동하셨다.

그래서 사울도 확신에 찬 어조로 "여호와께서 너와 함께 하실 것이다"(NETB. '와아도나이 이흐예 이마크', 주어가 동사 앞에 도치된 강조형)라고 하며 그를 내보냈다. 외형상으로 전혀 골리앗의 적수가 되지 못하는 다윗이었으나 그는 믿음의 눈으로 적장을 주시했다.

> 다윗이 블레셋 사람에게 이르되 너는 칼과 창과 단창으로 내게 오거니와 나는 만군의 여호와의 이름 곧 네가 모욕하는 이스라엘 군대의 하나님의 이름으로 네게 가노라 오늘 여호와께서 너를 내 손에 붙이시리니 …… 온 땅으로 이스라엘에 하나님이 계신 줄 알게 하겠고 또 여호와의 구원하심이 칼과 창에 있지 아니함을 이 무리로 알게 하리라 전쟁은 여호와께 속한 것인즉 그가 너희를 우리 손에 붙이시리라(45~47절).

46절에는 "오늘"이라는 부사가 두 번 나타나는데 그 첫 번째는 문장의 초두에 위치한 "바로 오늘"이라는 강세형으로 쓰인 경우이다("This very day," NETB). "안다"라는 동사도 두 번 나타난다. 이 모두 다윗이 바로 그 날에 여호와께서 이스라엘의 살아 계신 참 하나님이심을 온 땅이 알게 될 것이라고 강조한 것이 아니고 무엇이겠는가! 그가 어떤 새로운 미사여구를 동원한 것도 아니고 다만 여호와의 구원은 칼과 창에 있지 아니함과 전쟁은 여호와께 속한다는 선조들의 정통적 신앙을 재천명한 것이다. 무명 소년 다윗의 신앙적 관점은 왕과 온 백성이 상상할 수 없었던 결과를 가져왔다. 다윗의 외모를 보고 업신여기던 거구의 용장 골리앗은 한낱 하찮은 물매 돌로 말미암아 시체로 변했고 그의 첨단무기는 그 기능을 제대로 발휘하지도 못한 채 무용지물이 되었다. 성전(聖戰)에서는 언약사상 중심의 관점이냐 세속적 관점이냐가 승패의 관건이다.

끝으로, 이스라엘 역사의 말기에 느헤미야가 어떻게 예루살렘 성곽 중수사역을 시작한 지 오십이일 만에 성공적으로 완수할(느 6:15) 수 있었는지 살펴보자.

> 산발랏과 게셈이 내게 사람을 보내어 이르기를 오라 우리가 오노 평지 한 촌에서 서로 만나자 하니 실상은 나를 해하고자 함이었더라 내가 곧 그들에게 사자들을 보내어 이르기를 내가 이제 큰 사역을 하니 내려가지 못하겠노라 어찌하여 역사를 중지하게 하고 너희에게로 내려가겠느냐 하매 그들이 네 번이나 이 같이 내게 사람을 보내되 나는 꼭같이 대답하였더니 …… 이 후에 무헤다벨의 손자 들라야의 아들 스마야가 두문불출하기로 내가 그 집에 가니 그가 이르기를 그들이 너를 죽이려 올 터이니 우리가 하나님의 전으로 가서 외소 안에 머물고 그 문을 닫자 저들이 반드시 밤에 와서 너를 죽이리라 하기로 내가 이르기를 나 같은 자가 어찌 도망하며 나 같은 몸이면 누가 외소에 들어가서 생명을 보존하겠느냐 나는 들어가지 않겠노라 하고(느 6:2~4,10~11 개역개정판).

그가 성공적으로 그 사역을 완수한 비결은 자신은 보잘것없는 존재로 인식한(느 6:11) 반면에 자신이 추진하고 있는 그 일은 "큰 사역"(느 6:3)으로 여겨 혼신의 노력을 아끼지 않은 데에 있었다. 그는 이 일을 믿음의 눈으로 보았기 때문에 그에게는 "큰 사역"('멜라카 게돌라 아니 오쎄'. 목적어가 동사 앞에 놓인 강조형)으로 여겨진 것이다. 11절에서

나 같은 "자"('하이쉬')에 의문품사가 붙은 것에 유의할 필요가 있다. 그리고 "나 같은 몸이면 누가"('미 카모니 ……')라는 표현은 출애굽기 3:11에도 모세에 의해 사용되었다. "모세가 하나님께 고하되 내가 누구관대 바로에게 가며 이스라엘 자손을 애굽에서 인도하여 내리이까." "나 같은 자 …… 나 같은 몸"이란 표현은 키드너(Derek Kidner)에 따르면 느헤미야의 타당한 자부심과 타당한 겸손을 드러내는 것으로서 창세기 39:8이하, 눅 13:31~33 그리고 사도행전 21:10~14에서도 그 유사성을 발견할 수 있다고 한다.47) 윌리암슨(H. G. M. Williamson)의 이해도 이와 동일한 것으로서 느헤미야가 하나님께서 세우신 지도자이나 제사장은 아니라는 점을 잘 드러냈다고 보았다("Should a man in my position run away? Or who in my state would enter the temple and live?").48) 11절의 원문은 느헤미야의 발언 초두를 "내가 이르기를"('와오메라')라는 확고한 어조로 시작하는데 이곳의 접속사 '와우'를 대부분의 역본들처럼 "그러나"(루터역, NIV, NASB, NRSV, JB, REB 등)로 이해하고 "그러나 나는 반박했다"(JB)로 번역하는 것이 좋을 것이다. 이러한 꼴('와오메라')이 구약성경에 나타나는 17회 중에서 느헤미야서가 과반이나 차지하고 있다(느 5:7,8,13; 6:11; 13:9,11, 17,19,21,22). 그리고 원문에서 상반절이 열한 자인 반면에 하반절은 단지 두 자에 불과한 "나는 - 들어가지 않겠노라"로 끝맺는 것은 느헤미야의 단호함을 잘 시사한다고 본다. 그의 이러한 철두철미한 사명감이 적대 세력의 끈질긴 감언이설과 핍박과 회유 정책과 모략중상이라는 온갖 수단 방법을 동원하여 그의 사역을 중단시키려는 방해 공작을

물리치고 맡은 사역을 완수할 수 있게 했다. 이처럼 자신을 무익하고 작은 자로 여기는 반면에 자신에게 맡겨진 사역을 귀하게 여기는 인물을 통해 하나님께서는 자신의 의도하신 바를 온전히 이루신다.

이처럼 하나님의 일을 하는 사역자에게 주시는 성경적 교훈의 일부를 살펴보았다. 스가랴의 첫째 메시지가 주어진 그 시기에 유다 백성들은 곤경에 처해 있었으나 여호와께서는 이미 그들에게 선지자 학개를 통해 다음과 같은 필요 불가결한 말씀을 주신 터였다. 즉, "애굽에서 나올 때에 내가 너희와 언약한 말"을 기억할 것(학 2:5), 예언된 메시아 ("만국의 보배/소망")의 도래,49) "영광으로 이 전에 충만케 하리라"(학 2:7), 그리고 "이 성전의 나중 영광이 이전의 영광보다 크리라 …… 내가 이곳에 평강을 주리라 ……"(학 2:9 개역개정판)라는 말씀을 주셨다. 특히 학개 2:9의 말씀은 판 후네커(V. van Hoonacker)와 무어(Thomas V. Moore)가 "크리라"와 "이곳에"를 문장 초두에 둠으로써 원문이 강조한 의도를 잘 드러냈다.50) 그럼에도 불구하고 당시의 지도자와 백성은 우리가 앞에서 살펴본 성역사의 교훈(느헤미야서를 제외한)을 망각하고 시험에 들었던 것이다. 물론 어려움에 처한 유다 백성들에게 발생한 사건들이 오히려 전화위복이 된 경우가 있었다는 것은 에스라 6:6~8, 12~13이 증거한다. 그러나 그렇게 되기까지는 어느 정도의 시일이 필요했던 것이다. 바로 그 사이 곧 학개의 둘째 메시지가 끝난 지 얼마 되지 않은 그 해 8월에 "여호와의 말씀이 …… 스가랴 …… 선지자"에게 임한 것이다(슥 1:1). 이것은 참으로 적절한 타이밍이었다고 아니할 수 없다!

이 여호와는 어떤 분이신가? 그는 타락한 인류에게 구원을 약속하시는 원복음(Protevangelium, 창 3:15)을 선포하신 분, 노아와 맺으신 언약을 기억하시는 분(창 9:15이하), 아브라함과 이삭과 야곱에게 세운 언약을 기억하시어 이스라엘을 애굽의 노예생활에서 구출하신 분(출 2:24; 6:5), 이스라엘의 조상들과 맺은 언약(레 26:45, '베리트 리쇼님', "ancienne alliance" - FC)을 기억하시는 분, "언약 곧 천 대에 걸쳐 명령하신 말씀을 기억"하시는 바로 그 여호와이시다(개역개정판, 시 105:8; 역시 106:45; 111:5). 더욱이 선지자 에스겔을 통해 바벨론에서 포로 생활을 하는 이스라엘 백성들에게 주신 말씀(겔 16:60)은 귀환한 스가랴 당시의 백성들의 뇌리에 아직까지 생생하게 남아 있었을 것이다.

> 그러나 내가 너의 어렸을 때에 너와 세운 언약을 기억하고 너와
> 영원한 언약을 세우리라(겔 16:60).[51]

스가랴라는 이름의 뜻은 "여호와께서 기억하신다"이다. 그의 이름이 그의 생애나 사역에서 크게 중요한 의미를 내포하고 있지 않다고 보는 견해[52]가 있으나, 부정적인 시각에서만 이해할 것은 아니라고 생각한다. 따라서 바커(K. L. Barker)는 다음과 같이 이해한다.

> 그 이름 자체가 신학적 중요성을 지니고 있다. …… 그분께서는
> 그의 언약 약속들을 '기억하신다'. 그리고 그분은 그것들을 성취하시
> 려고 역사하신다. 스가랴서에서는, 회복된 신정 공동체 그리고 기능을
> 발휘하는 성전을 비롯한, 바벨론 포로로부터 구출하시겠다는 하나님

의 약속이 메시아를 통해 도래할 구원과 회복의 보다 더 웅장한 그림으로 안내된다.53)

엉거(M. F. Unger)는 선지자 스가랴의 이름인 '제카르야'(זְכַרְיָה)를 이해할 때 제롬(Jerome)처럼 זָכַר를 명사('제케르')로 보아 "여호와의 기억"("memory of the LORD")으로 이해하거나, '야'(יָה)를 목적어로 보아 "여호와를 기억하는 자"("who remembers the LORD")로 이해하기보다는 후자를 주어로 그리고 전자를 동사 '자카르'로 보아 "여호와께서 기억하신다"("the LORD remembers") 혹은 "여호와께서 기억하시는 자"("whom the LORD remembers")로 이해한다. 그 이유는 스가랴서의 예언 전체가 여호와께서 이스라엘을 기억하신다는 사실의 주해이기 때문이라고 그는 설명한다.54) 여호와께서 기억하신다는 말씀은 곧 그분께서 그 기억하시는 바를 이행하심을 뜻한다는 것이 성경의 교훈이다.55) 헹스텐베르크(E. W. Hengstenberg)의 이해처럼 스가랴는 외적인 성전 건축 사역 자체를 재촉하기보다는 백성들 자신들에게서 완전한 영적 변화를 일으키게 하는 데에 그 목적이 있었다. 그렇게만 된다면 그 열매로서 필연적으로 성전 건축 사역의 열정이 증진될 것이기 때문이다.56)

과연 선지자 스가랴는 당시의 유다 공동체가 직면한 위기에 대하여 올바른 진단과 적절한 처방책을 제시한 지도자이었다. 그래서 그가 전한 첫 메시지인 스가랴 1:2~6이 스가랴서 전반부(1~8장)의 서론인 동시에 단연코 영적이고 기조적인 언급이라고 말할 수 있을 것이다.57) 결국 여호와께서 자신의 언약을 기억하신 은혜로 이 선지자 스가랴가 제2성전 재건의 사명을 완수하게 될 것이다(주전 516년). 그리고 스가랴는 그 후 "그 날"이 이를 때에 그리스도의 보혈로 구속함을 받은 자들이 그분을 기억하고('이즈케루니', 슥 10:8~9. 역시 시 22:27) 돌아올 것이며, 제1,2계명이 순수하게 지켜져 우상숭배가 근절되고 그 이름조차 기억되지 아니할 것('로 이자크루 오드', 슥 13:2)이라고 예언할 것이다. 그러한 때가 이르면 비로소 "땅의 모든 족속"(창 12:3)이 여호와께만 예배드리겠고, 명실상부하게 여호와께서는 그들의 하나님이 되시고 그들은 그의 백성이 될 것이다.

주

1) בַּחֹדֶשׁ הַשְּׁמִינִי בִּשְׁנַת שְׁתַּיִם לְדָרְיָוֶשׁ הָיָה דְבַר־יְהוָה אֶל־זְכַרְיָה

בֶּן־בֶּרֶכְיָה בֶּן־עִדּוֹ הַנָּבִיא לֵאמֹר:

"In the eighth month, in the second year of Darius, came the word of the LORD unto Zechariah, the son of Berechiah, the son of Iddo the prophet, saying"(KJV).

2) 슥 8:16(엡 4:25); 슥 9:9(마 21:5; 요 12:15); 슥 11:12~13(마 27:9~10); 슥 12:10(요 19:13); 슥 13:7(마 26:3; 막 14:27). G. L. Archer & G. C. Chirichigno, *Old Testament Quotations in the New Testament: A Complete Survey* (Chicago: Moody Press, 1983), pp. 160~164를 참조하라. 크레이기에 따르면, 스가랴서는 신약성경에 70회 이상 인용 내지 암시되었다. 그 중에서 삼분의 일은 복음서에 그리고 나머지는 대부분 요한계시록에 나타난다. P. C. Craigie, *Twelve Prophets*, The Daily Study Bible, Vol. 2 (Phila.: The Westminster Press, 1985), p. 153.

3) G. L. Robinson, "Book of Zechariah", *ISBE*, Vol. 5 (Grand Rapids: Eerdmans Pub. Co., 1939), p. 3136. 역시 Ralph L. Smith, *Micah-Malachi*, Word Biblical Commentary 32 (Waco, Texas: Word Books, Pub., 1984), p. 166을 참조하라.

4) Elizabeth Achtemeier, *Nahum-Malachi, Interpretation*, A Bible Commentary for Teaching and Preaching (Atlanta: John Knox Press, 1986), pp. 108~109.

5) James Nogalski, *Literary Precursors to the Book of the Twelve*, BZAW 217 (Berlin/New York: Walter de Gruyter, 1993), pp. 240,241을 참조하라.

6) P. A. Verhoef, "Notes on the Dates in the Book of Haggai," *Text and Context, Old Testament and Semitic Studies for F. C. Fensham, JOSTSup. 48*, ed. W. Claassen (JOST, 1988), pp. 259~267 역시 필자의 졸저, 『시대를 움직인 선지자 학개』 (수원: 합동신학대학원출판부, 2004), pp. 70~71을 참조

하라.

7) A. Cohen, *The Twelve Minor Prophets*, SBB (London/Jerusalem /New York: The Soncino Press, 1948), p. 271.

8) *BHS*의 비평적 각주를 참조하라.

9) Ralph L. Smith, 상게서, p. 183.

10) C. F. Keil, *The Twelve Minor Prophets, Biblical Commentary on the Old Testament*, Vol. II, trans. J. Martin (Grand Rapids: Eerdmans Pub. Co., 1949, rp.), p. 224. 카일은 '호데쉬'가 "월삭"을 내포한다는 견해의 주장자들로 Kimḥi, Chrysostom, B. Michaelis, Koehler를 제시한다.

11) C. F. Keil & F. Delitzsch, *The Pentateuch*, Vol. II, BCOT, trans. J. Martin (Grand Rapids: Eerdmans Pub. Co., 1968, rp.), p. 89. 민 1:1에서는 여기에 열거한 구절들괴는 달리 "월"이라는 단어가 먼저 사용되지 않고 "1일" ('베에하드 라호데쉬')이 앞에 있다는 것이 특이하다.

12) *Massorah Gedolah, Manuscript B, 19a De Leningrad*, Edition Critique par Gerard E. Weil, Vol. I, Les Listes (Rome: Institut Biblique Pontifical, 1971), p. 109.

13) J. Lilley, "New Moon", *ZPEB*, Vol. 4 (Grand Rapids: Zondervan Pub. House, 1975), p. 417.

14) "Bei der Datirung ist der Tag nicht angegeben, mit Recht hat man sich daran gestossen." J. Wellhausen, *Die Kleinen Propheten: Übersetzt und Erklärt*, Vierte unveränderte Auflage (Berlin: Welter de Gruyter & Co., 1963), S. 173.

15) "Ersteres ist unvollständig, da die Angabe des Tages fehlt; vermutlich ist diese ausgefallen, vgl. 1:7; 7:1." Karl Marti, *Das Dodeka Propheten*, Kurzer Hand-Kommentar zum Alten Testament XIII (Tübingen: J. C. B. Mohr, 1904), S. 399.

16) D. Winton Thomas, *The Book of Zechariah*, IB, Vol. VI (New York: Abingdon Press, 1956), p. 1058. 역시 H. G. Mitchell, *A Critical and Exegetical Commentary on Haggai and Zechariah*, ICC (Edinburgh: T. & T. Clark,

1912), p. 109를 참조하라.

17) H. C. Leupold, *Exposition of Zechariah* (Grand Rapids: Baker Book House, 1971), p. 21.

18) Joyce G. Baldwin, *Haggai, Zechariah, Malachi*, TOTC (London: The Tyndale Press, 1972), p. 87.

19) U. Cassuto, *A Commentary on the Book of Exodus*, trans. I. Abrahams (Jerusalem: The Magnes Press, The Hebrew Univ., 1976), pp. 223~224. 유대인 학자 코헨은 이와 다른 견해를 취한다. "··· the meaning of the phrase is doubtful: perhaps the intention is they journeyed from Rephidim to mount Sinai in one stage(Abraham Ibn Ezra)." A. Cohen, *The Soncino Chumash, The Five Books of Moses with Haphtaroth*, SBB (London /Jerusalem /New York: The Soncino Press, 1947), p. 451.

20) Martin Noth, *Exodus. A Commentary*, OTL, trans. J. S. Bowden (Phila.: The Westminster Press, 1962), p. 154. 그도 이렇게 상세한 날짜로 이해하는 것은 유대인의 전통이 그렇게 조작한 것이라는 사실을 시인한다.

21) J. I. Durham, *Exodus*, WBC 3 (Waco Texas: Word Books, Publishers, 1978), p. 257. 역시 B. S. Childs, *The Book of Exodus: A Critical, Theological Commentary*, OTL (Phila.: The Westminster Press, 1974), p. 342를 참조하라.

22) C. F. Keil, 상게서, p. 89.

23) H. G. Mitchell, *loc. cit.*

24) Walther Zimmerli, *A Commentary on the Book of the Prophet Ezekiel Chapters 25-48*, Hermeneia, trans. J. D. Martin, (Phila.: Fortress, 1983), p. 163.

25) T. W. Chambers, *The Book of Zechariah*, Lange's *Commentary on the Holy Scriptures*, Vol. 7 (Grand Rapids: Zondervan Pub. House, 1960), p. 22. 그도 히브리어 '호데쉬'가 연대적 요소에서는 월삭을 뜻하지 않는다고 주장한다.

26) James Nogalski, 상게서, pp. 240f.

27) 출 19:1; 레 23:5; 민 9:11; 렘 52:6; 슥 1:1; 에 3:7; 대하 31:7. *Massorah Gedolah, Manuscript B, 19a De Leningrad*, p. 95를 참조하라.

28) U. Cassuto, 상게서, pp. 223f.

29) H. G. Mitchell, 상게서, pp. 108, 182를 참조하라.

30) D. Winton Thomas, 상게서, p. 1053.

31) K. Marti, *loc. cit.*

32) J. G. Baldwin, 상게서, pp. 88f.

33) W. H. Green, "Primaeval Chronology", *BSac* (April 1890): 285~303. 역시 윌리엄 헨리 그린, "창세기의 연대," 「구약 신학논문집」(제1집), 윤영탁 역편(서울: 성광문화사, 1979), 31~52쪽을 참조하라.

34) *La Bible en français courant*도 이와 유사하나 다만 이 족보의 순서를 원문과 반대되는 하향식으로 소개한 것이 다르다. 1~6 "… Il était fils de Seraya, et descendait du granprêtre Aaron par Élazar, Pinhas, … et Azaria."

35) 무라바아트(Murabba'at) 히브리 사본에서는 학개의 다른 메시지들과 조화시키려고 '하야 베야드'를 '하야 엘'로 수정한 것을 볼 수 있다. 그러나 학개 1:1에는 '하야 …… 베야드 …… 엘'의 형식을 사용했다.

36) "하나님의 말씀이 …… 임하니라"('하야 데바르 [해엘로힘 엘')라는 표현도 왕상 12:22과 대상 17:3에 나타나지만 매우 드물다.

37) 볼프의 통계에 의하면 이 관용어는 예레미야서에 3회 그리고 에스겔서에 50회 사용되었다. H. W, Wolff, *Hosea*, Hermeneia, trans. G. Stansell (Phila.: Fortress Press, 1974), p. 4, n.5, n.6. 렘 39:15에 '웨엘이르메야후 하야 데바르-아도나이'라는 도치형과 겔 1:3에 '하요 하야 데바르-아도나이 엘'이라는 부정사(不定詞) 독립형식이 사용된 것은 이 관용어를 각각 강조하기 위함이다.

38) Theo. Laetsch, *Bible Commentary: The Minor Prophets* (Missouri: Concordia Pub. House, 1956), p. 17에 호세아 1:1을 주해한 것을 참조하라. TEV도 민수기 24:2; 삼상 19:9,20에서 각각 "took control of"로 번역했다.

39) M. F. Unger, 상게서, p. 76을 참조하라.

40) C. F. Keil & F. Delitzsch, *The Pentateuch*, Vol. III, KDBCOT. trans.

J. Marin (Grand Rapids: Eerdmans, 1968 rp.), p. 85.

41) Carl Brockelmann, *Hebräischer Syntax* (Neukirchen, 1956), §107 f. 그리고 GKC, §119s를 참조하라.

42) *David Kimḥi's Hebrew Grammar* (Mikhlol), *Systematically Presented and Critically Annotated* by W. Chomsky (N.Y.: Bloch Pub. Co., 1952), § 85 n. 프리젠은 창세기 12:1의 "가라"에 대해 언급하면서 이 여격을 다음과 같이 풀이했다. "er den Charakter des Befehls verduetlich und die Dringlichkeit des Auftrags dem Angeredeten einscharfen soll." Th. C. Vriezen, "Bemerkungen zu Genesis 12:1-7," *Festschrift für F. M. T. Böhl* (1973): 384.

43) Peter C. Craigie, *The Book of Deuteronomy*, NICOT (Grand Rapids: Eerdmans Pub. Co., 1976), p. 100 n.1.

44) John Calvin,

45) Gordon J. Wenham, *Numbers. An Introduction & Commentary*, TOTC (Leicester, England: Inter-Varsity Press, 1981), p. 119.

46) S. Goldman, *Samuel*, SBB (London: The Soncino Press, 1949), p. 99.

47) Derek Kidner, *Ezra & Nehemiah. An Introduction & Commentary*, Tyndale Old Testament Commentaries (Leicester, England: Inter-Varsity Press, 1979), pp. 99~100.

48) H. G. M. Willamson, *Ezra, Nehemiah*, WBC, Vol. 16 (Waco, Texas: Word Books, Publishers, 1985), p. 247.

49) 허버트 볼프, "학개 2:7의 '만국의 소망': 메시아를 지칭하는가?," 윤영탁 역편, 『구약신학논문집』 (제7집), (수원: 합동신학교출판부, 1994), 151~162 쪽을 참조하라.

50) גָּדוֹל יִהְיֶה כְּבוֹד הַבַּיִת הַזֶּה הָאַחֲרוֹן מִן־הָרִאשׁוֹן אָמַר יְהוָה צְבָאוֹת וּבַמָּקוֹם הַזֶּה אֶתֵּן שָׁלוֹם נְאֻם יְהוָה צְבָאוֹת:

Plus grande sera la gloire de cette dernière maison

que de la première, dit Jahve des armées

et dans ce lieu je donnerai la paix! parols je Jahvé des Armées
(A. van Hoonacker, *Les douzes petits prophètes*, Études Biblique [Paris:
Gabalda, 1908], p. 565).

Great shall be the glory of this latter house,

Above the former (house), saith Jehovah of hosts,

And in this place will I give peace, saith Jehovah of hosts (T. V.
Moore, *A Commentary on Haggai & Malachi*, A Geneva Series Commentary
[Edinburgh: Banner of Truth Trust, 1960], p. 45).

51) ‏וְזָכַרְתִּי אֲנִי אֶת־בְּרִיתִי אוֹתָךְ בִּימֵי נְעוּרָיִךְ וַהֲקִמוֹתִי לָךְ בְּרִית עוֹלָם׃

Seulement, moi, je serai fidèle a l'alliance

que j'ai conclue avec toi au temps de ta jeunesse

et je la trnasformerai en une alliance éternelle (Français Courant).

말텐 에취 와우스트라, "에스겔 16:59-63에 나타난 영원한 언약," 윤영탁
역편, 『구약신학논문집』(제6집), (서울: 성광문화사, 1992), 225~273쪽을
참조하라.

52) J. H. Gailey, *Micah to Malachi*. The Layman's Bible Commentaries
(London: SCM Press Ltd., 1962), p. 94. 챔버스도 이러한 시도는 금물이라고
주장한다(T. W. Chambers, 상게서, p. 22).

53) K. L. Barker, *Zechariah*, The Expositor's Bible Commentary, Vol.
1, gen. ed. F. E. Gaebelein (Grand Rapids: Zondervan Pub. House, 1985),
p. 599.

54) M. F. Unger, *Zechariah: Prophet of Messiah's Glory*, A Zondervan
Commentary (Grand Rapids: Zondervan Pub. House, 1963), p. 19. 그가
말하는 "이스라엘"이 세대주의적 뉘앙스를 지녔다는 것은 주지의 사실이다.

55) *TWOT*, eds. R. Laird Harris, G. L. Archer, Jr., Bruce K. Waltke,
Vol. I (Grand Rapids: Moody Press, 1980), pp. 550~551

56) E. W. Hengstenberg, *Christology of the Old Testament*, Unabridged Ed., Vol. 2 (McLean, Virginia: MacDonald Pub. Co., 1970 Eng. trans.), p. 955. 역시 E. W. 헹스텐베르크 지음, 원광연 옮김, 『구약의 기독론』 (서울: 크리스챤 다이제스트, 1997), 373쪽.

57) G. L. Robinson, 상게서 p. 3136.